RADIUS BÜCHER

Traugott Giesen

Gott liebt Dich und braucht Dich

366 Worte zum Weiter-Leben.

3., 2., 1. Auflage (die letzte Ziffer gilt für diese Ausgabe)
ISBN 3-87173-735-6

Zusammengestellt von Klaus-Peter Burkhardt
Umschlag: Dieter Kurzyna
Gesamtherstellung Clausen & Bose, Leck
Printed in Germany

Brief an die Leser

Gott liebt Dich und braucht Dich. Darum lebst Du. Laß Dir das gesagt sein. Nimm dies an, nimm es auf. Diese Zusage zieh Dir an und streif von Dir ab die Skrupel und Kleingläubigkeit. Setz dies in Denk- und Tatkraft um: Gott liebt Dich und braucht Dich für diesen Tag. Es ist wichtig, daß Du heute ganz lebendig, ganz aufmerksam, ganz geistesanwesend bist. Deine Fähigkeiten sind Energien vom Kräftehaushalt Gottes. Daß der Tag gut wird, entscheidet sich auch daran, ob du Deine Kräfte in diesen Tag hinein auflöst, Dein Lachen, Lieben, Leiden, Dein Nehmen, Geben, Schuldigwerden und Verstehen einbringst, Dich einsäst in die Verhältnisse, und Du bringst damit anderen bei: Es ist wunderbar, das mühsam schöne Leben heute zu bestehen.

»Ich liebe Dich und brauche Dich« kann spiegelbildlich auch Dein Bekenntnis zu Gott sein, dem Geheimnis der Welt.

Wie Dein »Lobe den Herrn« gestaltet ist, ob als trällerndes Lied in der Küche, als präzise Sorgfalt gegen ein Werkstück, als Achtsamkeit im Straßenverkehr, als Fürsorge gegen Anvertraute oder als ein Lächeln, das sich nicht über die Dinge erhebt, sondern aus ihnen hervorgeht. Du darfst all diese kostbaren Äußerungen Deiner selbst verstehen als Lobgesang Gottes. Auch das Lächeln, das über Tag Dir gelingt, oder besser: das in Dir gelingt, grundlos, nimm es als Zeichen, daß Du einverstanden bist in den sanften harten Gang Gottes mit Dir im Laufe der Zeit.

»Gott liebt Dich und braucht Dich« sag aber selbst auch anderen, bereite dem Nächsten Zuversicht, daß auch er tauglich ist und nötig. Schaff ihm ein festes Herz und einen weiten Horizont. Mach ihm und Dir den Tag zur Freude.

Die Worte für jeden Tag sind zumeist Fundstücke aus Predigten, gehalten über zehn Jahre in der Sankt Severin-Kirche, Keitum auf Sylt.

Traugott Giesen

Januar

1. Januar

Wir fließen im Zeitstrom. Manchmal jagt es uns durch Katarakte, und manchmal gleiten wir gemächlich dahin, nicht zu Aktionen getrieben. Wir können ein Buch lesen, einer Spinne zuschauen, die ein Netz baut und dürfen verweilen. Ob der Zeitstrom so reißend geht, daß wir kaum zu Atem kommen, oder ob wir sagen, wie eben eine 84jährige: »Ich habe jetzt so viel Zeit, ich bin alt, die Zeit bleibt mir stehen« – immer trägt uns dieser Zeitstrom mit sich; selbst wenn wir der Zeit zuschauen, sind wir zeitlich, wir vergehen, während die Zeit vergeht. Die Zeit ist ja nichts Neutrales neben allem Sonstigen. Die Zeit ist ihrem Wesen nach wohl Gott selber. Das Verrinnen ist die Triebkraft Gottes, die Geschichte sein Lebenslauf zur Fülle. Gott, das Geheimnis der Welt pulsiert im Geschehen. Davon sagt die Uhr uns nichts. Sie ist ja nur eine kleine Maschine, die Zeitspannen in exakte Abschnitte teilt. Die Uhr sagt vom Gehalt der Zeit so wenig wie der Kilometerzähler von der Schönheit der Landschaft. Aber das Ziehende im Leben, die Wahrheit der Zeit, wir spüren sie im Werden und Vergehen, im Abschied und Neubeginn, in Entscheidungen und beim Tragen von Lasten; wir spüren sie, wenn das Schöne verblaßt, wenn Tränen versiegen und wir lachen dürfen am Rande der Wehmut. Hier im Ziehenden, im Geborenwerden und Sterben, im Wachsen der Zeit, ist Gott mir sehr nahe. Die Zeit ist das Tempo Gottes. Mit biblischen Worten: »Meine Zeit steht in Gottes Händen.« (Ps 31,16) Der Volksmund sagt es einfacher: »Ach, du liebe Zeit« und: »Ach, du lieber Gott« – und wir meinen dasselbe. »Die Zeit eilt, teilt, heilt«, sagen wir und beschreiben damit unbewußt Gottes Tun.

2. Januar

Bitten wir nicht um sehr viel Zeit. Bitten wir um Wachheit für die Augenblicke, die uns gewährt sind. Damit die Verzagtheit von uns weicht, die lähmende Gewöhnung, die Angst, wir seien Verlierer, wenn wir loslassen und abgeben müssen – auch uns selbst. Er, der uns leben läßt, behält uns, hält uns. Also laßt uns ausgeben, was er in uns gelegt hat: die Begabung mit Zeit und Gesundheit, die Freundlichkeit, das

Organisationstalent, die Freudefähigkeit. Laßt uns alles ausgeben! Brennen wir auf in dem glühenden Prozeß, genannt Leben, der Gottes Weg ist.

3. Januar

Den Augenblick in acht nehmen, den Lidschlag, den Anruf, den Blick, die Bitte, die Gelegenheit – alles Angebote Gottes, darin Verbundenheit zu leben. Gewiß, wir können nicht dauernd aufmerksam leben; ein Drittel verschlafen wir sowieso, wir sind erschöpfbar. Und doch, christlicher Glaube ist eine Lebenshaltung, man könnte sie Anruf-Bereitschaft nennen. Du und ich, Schnittpunkte, an denen Gott sich entfalten will. In jedem Augenblick will er durch unsere Worte und Taten zu Wort und Tat kommen. Ich und du, wir sind jeden Augenblick der Erdungspunkt, in dem Gott niederkommt, zur Erde kommt, sich verkörpert. Darum steht ja Gott auf dem Spiel, in jedem Augenblick. Wir, die Genießer und Versäumer, die Täter und Verschulder Gottes. Und Gott gedeiht oder verdirbt in dem Augenblick, der uns anvertraut ist. Das steht auf dem Spiel, und wir sind verantwortlich.

4. Januar

Das Leben, ich kann es glauben als ein Projekt, das Gott betreibt seit Generationen. Das darum Zukunft hat. Ein Projekt, an dem Gott seit Generationen arbeitet und baut, und ich erlebe die Gegenwart als das vorläufige Ergebnis. Aber auch mein Leben ist nicht dazu da, daß ich jetzt das Ergebnis all der Mühen Gottes mit den vorangegangenen Generationen verkonsumiere. Ich bin auch wieder einer, über den Gott sein Stückchen Reich Gottes betreiben, bepflanzen und bebauen will. Schon darf ich dankbar mich am Gewährten freuen. Aber die Nachkommen sollen auch für den von mir gemehrten Vorrat an Einsicht und menschlichem Vermögen danken können. Daß wir einmal diesen Planeten in friedvollerem Zustand verlassen, als wir ihn vorfanden, das mag uns glücken.

5. Januar

Wir Menschen brauchen Bilder, die uns klarmachen, was mit uns los ist, Bilder, die uns Durchblick verschaffen, aber die auch Leuchtkraft ausstrahlen. Bilder also, die zeigen, was ist und was mit uns wird. Wir alle sind wie Bäume. Wir sind wie die Bäume zum Fruchtbringen bestimmt; nicht Ziersträucher, Weihnachtsbäume, die dekorativ dastehen, sondern Nahrhaftes, Lebensstärkendes wird von uns erwartet. Gutes sollen und wollen wir bringen, und gut ist, was gut macht, was Gemeinschaft baut, Glück mehrt, Vertrauen stärkt, Hoffnung bereitstellt. Wir sind zum Fruchtbringen bestimmt und dazu, einander von den Früchten zu gegenseitiger Aufmerksamkeit zu ernähren. Unser wahrer Hunger ist nicht der nach Kalorien, sondern nach Verbundenheit. Darum pulsiert in uns die Sehnsucht nach Freundschaft, wir wollen gemocht sein, müssen anderen etwas bedeuten, dürfen nicht ungenießbar sein. Das uns angemessene Bild für Zeit ist nicht das gleichmäßige Fließen, angezeigt durch Quarzimpulse, sondern Zeit ist Werdezeit, Zeit zum Wachsen, Fruchtbringen, Zeit auf Ernte hin. Es gibt ein Zuspät. Zeit ist Frist, eine begrenzte Summe an Gelegenheiten, Frucht zu bringen und Frucht zu genießen.

6. Januar

Ich kann mir fremd werden. Was nötig ist zu tun, das kann mir verschwimmen. Verhältnisse können grau in grau veröden. Aber dieser Jesus, diese Seelenfackel, strahlt auch in mir Wärme und Licht aus, speist in meinem Willen Quanten an Zuneigung und Mut. Das Gedächtnis an Jesus ist ein Kapital an Lebenskraft, das ich unbewußt, aber beständig anzapfe.

7. Januar

Du und ich, ein Baum im Acker Gottes, gepflanzt, um für ihn Frucht zu bringen. Er, das Geheimnis der Welt, Erfinder und Betreiber und Liebhaber des Lebens. Er will Liebe und Frieden und Gerechtigkeit von uns ernten. Er stattet uns mit Anlagen aus, diese Früchte zu bringen. Wir selber sind ja todunglücklich, wenn nichts kommt. Wir sehen uns ja gerne großzügig und liebevoll; darum geben wir ja so schlecht Unrecht zu, weil wir so ungern Schlechtes tun. Wir möchten ja gut sein. Damit geben wir indirekt Gott recht, wenn er gute Früchte bei uns sucht. Aber ist mir Gott ein guter Gärtner? Gott tritt in Christus für mich ein, räumt mir Zeit und Gelegenheit ein, fröhlicher, friedlicher, ja, heil zu werden. Christus verwickelt mich in eine Heilungsgeschichte; ihm nachdenkend wird mein Kopf frei vom Stroh der Illusionen und Ideologien. Ihm folgend grünt meine Seele wieder. Der Glaube an die Liebe, nicht als privates Gefühl für den Feierabend, sondern als Triebkraft der Geschichte, dieser Glaube bricht meine Mauern auf wie eine Blume den Asphalt. Ich muß nur Christus erlauben, mir Gärtner zu sein.

8. Januar

Gedanken gehen uns durch den Kopf: irgendwie bin ich auch ein Baum, der ins Leben gepflanzt ist, ohne gefragt worden zu sein. Vielleicht bin ich noch klein oder bekomme schon braune Blätter, also graue Haare, oder ich bin schon ganz alt und knorrig. Vielleicht habe ich erst kleine Zweige, aber mit kräftig viel Saft. Oder ich habe viele Früchte, daß sie die Zweige niederdrücken, und die Früchte werden zur Last, und ich sehne mich nach dem Herbst, nach dem Winter, wenn ich alles abwerfen kann und nichts mehr muß. Vielleicht habe ich ja Früchte, aber welche, die keiner mag. Vielleicht sind es ja auch nur Zierfrüchte, die gar nicht richtig satt machen, sondern nur verlockend aussehen. Oder ich bin ein Baum, von Stürmen zerzaust in einer Wetterecke, und eine Seite ist schon ganz kahl, weil der Wind immer nur aus einer Richtung weht, und die eine Seite ist schon vermoost, aber die andere Seite ist noch ziemlich grün. Und an meinem Baum fehlen schon Äste, je älter wir werden, desto mehr dicke Äste mußten wir schon lassen: den Ehepartner, ein Kind, Freunde, ein Stück Gesundheit; sie wurden mir weggerissen. Vielleicht bin ich ein Baum auf schlechtem Boden, der zu trocken ist, und ich sehne mich nach besserer Umgebung. Aber ich bin nicht nur Baum, ich bin auch Gärtner für meinen Baum. Doch was tue ich mir zugut? Nehme ich mir Zeit zum Nachdenken, gehe ich z. B. in die Bücherei und verlange nach einem Buch, das mir Welten öffnet? Lese ich die Bibel? Erlebe ich Gottesdienste als Sauerstoff für meine Seele? Gestatte ich mir Zuneigung, Freiheit, Freundlichkeit? Wage ich Freundschaft? Schaffe ich als Gärtner meinem Baum Platz zum Atmen und Blühen? Und ich bin Gärtner auch für andere. Wer ist das Bäumchen, das meine Sorgfalt besonders braucht; wer ist der Baum, der wartet, daß ich seine Früchte endlich beachte? Ich kann als Gärtner behindern durch Nachlässigkeit: »Das läuft sich alles zurecht! Gar nicht drum kümmern!« Ich kann auch behindern durch Überfürsorge. Ich will ihm Stütze geben, aber binde den andern so eng an, daß ich ihm das Leben abschnüre. Jeder von uns kann anregen, fördern, einladen, unterstützen, beraten, ängstigen, bedrohen, kleinhalten. Jeder von uns hat etwas vom Schicksal des andern mit in seinen Händen. Wie wir miteinander umgehen, das prägt uns. Und manchmal kann ich auch so tun, als sei ich ein Gärtner und bin eigentlich nur ein Dieb. Unter dem Vorwand, den andern vor schädlichen Gedanken zu schützen, beraube ich ihn seines Mündigseins.

9. Januar

Bin ich da, um Frucht zu bringen für Gott, ist Christus ein sachkundiger Gärtner. Er weiß, was alles bedeutet. Er hat das Leben ja vermessen in seinen Tiefen, nicht per Mikroskop und Metermaß, sondern per Lebenslauf. Er hat die Bandbreite des Lebens erkundet. Es reicht von Gott zu Gott. Christus bürgt dafür, daß das Leben von der Liebe Gottes ausgeht, von ihr gehalten wird und in die Liebe Gottes mündet, wieviele Kreuze und Leiden immer auch dagegen ansprechen. Darum, weil das Leben von der Liebe Gottes erfunden und getragen ist und in sie einmündet, sind wir Früchte der Liebe und zum Lieben bestimmt. Mit Christus als meinem Gärtner würde ich mich achten lernen und den andern auch. Ich würde Gott, den Ganzen und den Nächsten und mich selber lieben lernen. Und die Früchte? Ach ja, sagt Jesus, macht euch nicht zuviel Sorgen um die Früchte. Der gute Baum bringt gute Früchte (Mt 7,17; siehe auch Lk 13,6–9), Früchte, die das Zusammenleben genießbar machen. Worte und Taten, die guttun, sie gelingen dem, der vom Ganzen, von sich und dem andern gut denkt. Ich weiß keinen besseren Gärtner, der anleiten kann zu einem solchen Verstehen des Lebens.

10. Januar

Wir Menschen hören eine Stimme, die quersteht zu den menschlichen Autoritäten. Wir können sie überhören, aber nicht abstellen. Wir können sie in den Wind schlagen, aber nicht stumm machen. Es ist dieser sanfte, starke Ruf, ein liebender Mensch zu werden. Sein Ruf, der mich bei meinen besten Anlagen nimmt und mir sagt: Du bist zum Lieben da, zum Teilen, zum Vertrauen. Du bist weder Selbstzweck noch einfach nur ein Treppchen für den Arbeitgeber oder den Verein. Du bist da, um Frucht zu bringen fürs Leben, das Gottes Leben ist. Jeder weiß das in seinem Innersten, da wo die Innenweltverschmutzung der Parolen und Reklamesprüche noch nicht hinreicht; hier wissen wir: Ich bin da, um Frucht zu bringen fürs Reich Gottes. Und selbst wer meint, er sei nur für Bilanzen und Prämien da, hofft im Innersten, daß er irrt.

11. Januar

Wir müssen uns einfach einsäen ins Leben, einsäen lassen. Wir müssen uns mit der Liebe Mühe geben, sonst sind wir so gut wie tot. Wenn wir uns nicht verausgaben für die Liebe, sind wir wie ein Weizenkorn, das nicht in die Erde fällt und erstirbt; es bleibt allein! Wie vom Staubsauger aufgesogen und vertrocknet. Wenn es sich aber ausgibt, sich abgibt ins Erdene, bringt es viel Frucht (Joh 12,24). Werden wir kleine Früchte, kleine Samenkörner von Jesus. – Werden wir einander Brot des Lebens.

12. Januar

Jesus beschreibt das Leben in vielen Bildern. Das Leben ist wie ein Acker mit Unkraut und Weizen oder wie ein Teig mit Hefe oder wie ein Baum, der wächst. Leben ist kein Zufallsprodukt, sondern eine Schöpfung, getrieben von einem Willen. Dieser Wille ist dabei, das Leben ganz zu machen. Er belebt sein Werk und treibt es in Werden und Vergehen, zur Erfüllung, daß es Reich Gottes werde. Dieser Wille, sagt Jesus, ist liebender Wille und darum mitleidender Wille, mitleidend an den Schmerzen der Kreatur, mitgequält in den Leiden, betroffen vom Guten und Bösen, das wir einander tun. Jesus vertraute diesem liebenden Willen. Er schenkte ihm Glauben und hielt an ihm fest, auch als seine Qualen am Kreuz alles Gefühl für einen guten Gott erstickte. Er hat Gott geliebt von ganzem Herzen, von ganzer Seele, von ganzem Gemüt – auch Gott zum Trotz. Auch wenn Gott ihm garstig und zerstörend erschien, ihm bis zur Unkenntlichkeit verborgen war, traute Jesus sich zu, der Liebende zu sein. Und diesen Gott hat Jesus zum Teil seiner selbst erklärt: Du bist mein lieber Sohn, heißt: ›Du hast mich erkannt, wie ich wirklich bin.‹ In Jesus hat Gott sich glaubwürdig gemacht als liebender Wille.

13. Januar

Gott lieben von ganzem Herzen. Dabei ist uns Gott fremd geworden und fern gerückt. Das Wissen über Gott ist uns zerstoben. Noch vor dreißig, vierzig Jahren gab es eine dicke kirchliche Dogmatik mit neuntausend Seiten über Gott und den Menschen. Die theologische Literatur von heute bringt nur noch schmale Bände zustande. Gott, wie ein Teil dieser Welt beschreibbar, das für sich existiert, und in dem ich mir die Beweise für Gottes Existenz vor Augen halten und dann mich darin einbetten kann, das alles ist kaputtgegangen. Einen Gott, den es unter vielen anderen Dingen gibt, gibt es nicht. Wir müssen neu buchstabieren lernen: Gott ist der Ganze, außer ihm ist nichts. Suchen wir ihn nicht über uns, nicht in uns, sondern wir uns in ihm. »Von allen Seiten umgibst du mich und hältst deine Hand über mir.« (Ps 139,5) Wenn ich es mir so geschehen lasse, ist mein Lieben wie das Atmen: ganz normal. Wir können uns endlich eingestehen, daß, auch wenn wir an Gott glauben, wir um so weniger von ihm an objektiven Fakten wissen.

14. Januar

Gott lieben, heißt ihn suchen. Die Spuren Gottes suchen in Natur und Geschichte, im Auf und Ab, im Leiden und Beglücken von Menschen. Beim Spurenlesen helfen uns mitgegebene Muster. Wir bewahren Erinnerung an Gottes Liebe auf. Wie Fische noch im Aquarium eine

Erinnerung ans Meer bewahren und im Rhythmus von Ebbe und Flut existieren, obwohl sie weit weg sind vom Meer – so ähnlich stelle ich mir das auch vor, daß wir noch Erinnerung an Gottes Liebe bewahren, obwohl wir weit von ihm entfernt sind; in uns tief drinnen. An den Quellen der Träume und der Liebe ist die Erinnerung an Gott lebendig. Daher wohl der Durst nach heilender Erfahrung und die innere Unruhe, die aus dem Suchenmüssen kommt. Kirchenvater Augustin sagte: »Mein Herz bleibt unruhig in mir, bis es ruht in dir, Gott.«

15. Januar

An Gott glauben, das heißt, ich sehe mich in Gott gut aufgehoben. Nicht ich ziehe Gott zu mir, sondern ich vertraue, daß Gott mit mir umgeht in allem was geschieht: in Mutter und Vater, in Freunden und Nachbarn, in den fremden Menschen, in den Sachen. Auch in dem, was mir weh tut, auch in dem, was ich schlecht mache. Nichts kann uns scheiden von der Liebe Gottes (Röm 8,38). Das glauben und daraus Kraft ziehen – das wär's. Dann hätte ich einen Spielraum für Liebe und Hoffnung und Frieden und Glück. Dann würde ich nicht mehr die Gefahren anstarren, wie Kaninchen die Schlange, sondern dann suche ich Wege in der Gefahr.

16. Januar

Christen glauben an Gott. Aber, wie fühlt sich das an? Wie wirkt das sich aus? Was passiert, wenn Christen glauben? Schade, daß der Satz ›ich glaube‹ so schillernd ist. Er meint auch: »Ich vermute, ich schätze.« Wenn in der Mathematikstunde einer auf eine Frage des Lehrers schon anfängt: »Ich glaube...«, dann sagt der Lehrer: »Glauben heißt nicht wissen. Hier ist Wissen verlangt.« Weiß der Christ nicht, was er glaubt? Doch, aber es ist Vertrauenswissen, nicht Beweiswissen. Ich glaube, meint: Ich vertraue, ich verlasse mich auf, ich binde mich an etwas, das ich nicht in der Hand habe, das ich auch nicht zwingen kann, und trotzdem wage ich's: Ich verlasse mich, ich lasse mich ihm.

17. Januar

Ein Rabbi sagte: »Über Gott sollte man nur hinter vorgehaltener Hand flüstern.« Und Augustin bemerkte: »Nicht, weil wir's wüßten, reden wir von Gott, sondern weil wir nicht schweigen dürfen.« Wir können von Gott nur reden als dem, der mit uns in Beziehung steht. Wie er auf uns einwirkt, das können wir nach-denken. Wir können seine Wohltaten erkennen. Gott, ohne uns, einsam, bei sich selbst, Gott objektiv ist uns entzogen. Nicht, wer Gott ist, sondern was er uns tut, geht uns an. Gott zeigt sich nur in Bildern, in Ahnungen, gebrochen, wie in einem beschlagenen Spiegel. Warum, weiß ich nicht. Aber sicher auch, weil Gott den Menschen wollte, der frei ist. Frei auch zur Sünde, frei auch, Gott abzusagen und zu machen, was er will. Gott will uns gewinnen und nicht bezwingen. Weil er unsere freie Liebeswahl will und nicht sklavische Unterwerfung unter die Sinneseindrücke, auch darum hält Gott sich selbst verborgen und wirkt indirekt, in Menschen, in Natur, in Geschichte – also bezweifelbar. Gott begegnet in seinem Werk. In der Knospe der Blume, im Lachen und Weinen des Menschen, in Geburt und Tod und Auferstehungshoffnung. Wie können wir uns wünschen, Gott zu sehen, wie man einen Vogel sieht oder einen Baum? Ich glaube, Gott fliegt im Vogel, Gott wächst im Baum. Darum sollten wir nicht wünschen, daß er neben Vogel oder Baum oder neben mir, abgetrennt von mir, erscheine.

18. Januar

Tatsachen kann ich kontrollieren, zählen und verwerten. Aber so vieles im Leben ist ja strittig und hat viele Seiten. Daß ich lebe, ist eine Tatsache, aber wie ich leben will, wozu ich leben soll, ist schon eine Frage, und da hilft mir nicht mein Wissen darüber, wie menschliches Leben entsteht oder wie man einige Krankheiten verhütet. Wozu ich leben will, das ist eine Frage, die ich nur mit Glauben und Vertrauen beantworten kann. Daß ich sprechen kann, ist eine Tatsache, die brauche ich nicht zu glauben. Aber was ich sage, wie ich's sage, das entscheidet sich daran, was ich glaube, was ich für wichtig halte. Wenn Menschen an Gott glauben, dann verlassen sie sich darauf, daß die Wirklichkeit im Kern gut ist. Das heißt auch, daß es gut ist zu leben und die Wirklichkeit, genau wie sie geschieht, auszuhalten und mitzutragen ist. Diesen Glauben erfinden wir uns nicht erst. Wir alle sind geboren auch aus dem Grund, weil Menschen vor uns sich darauf verlassen haben: das Leben ist im Kern gut.

19. Januar

Glauben ist ein Tätigkeitswort. Es geschieht etwas, wenn man glaubt. Wer glaubt, der sieht alles in einem andern Licht. Er sieht tiefer. Bei Jesus in die Lehre gehen lohnt. Niemand sah tiefer in das Geheimnis der Wirklichkeit als er. Dieser Jesus von Nazareth verstand das Leben als Gottesgeschehen. Nichts ist für mich allein, nichts ist für sich allein! Alles wird von Gott zusammengehalten und heil gemacht. Jesus hat sich darauf verlassen. Alles gehört zusammen, alles ist noch im Werden und nichts ist verloren. Er sieht die Menschen mit einem Heiligenschein künftiger Möglichkeiten. Er sieht die Kranken zum Heilwerden bestimmt. Er sieht die Reichen zum Abgeben befähigt. Er sieht die Ungeliebten auf dem Weg zur Liebe. Und die Gewaltsamen, die manchmal so brutal ihre Sache durchziehen, die sieht er als Schüler des Friedens, die noch viele Nachilfestunden brauchen. Und die Schuldigen sieht er der Vergebung bedürftig. Und die Toten, die sieht er als Heimgekehrte zu Gott. Diesem Jesus nachglauben und seine Lebensmelodie nachspielen heißt nicht so sehr, gut von den Menschen, sondern gut für sie zu denken. Sie sind keine Nobodies und Nichtse. Jeder ist berufen, daß Gott in ihm ein Stück seiner Liebe hervorbringe.

20. Januar

Christen glauben, daß die Wirklichkeit im Kern gut ist. Aber tief im Geschehen ist dieser gute Kern verborgen, eingesenkt in Lachen und Weinen und Schmerzensschreie und Freudentränen. Im Werden und Vergehen geht das Gute seinen Gang mit uns, auch gegen uns. Das Gute, das Geheimnis der Welt, nennen wir Gott. Gerne würden wir Gott, das Gute, kristallklar sehen. Aber kein Mensch, sagt die Bibel, kann Gott sehen, denn die Dinge und die Sachen und die Wesen sind von Gott durchtränkt. Man kann Gott nicht herausfiltern. Gott geht mit uns um in den Menschen, in der Kreatur und auch in den Dingen. Wer an Gott glaubt, der läßt sich die Menschen und Dinge in eine gute Beziehung rücken. Und alles, was geschieht, ist mir dann eine Mitteilung, eine Nachricht von Gott. Und alles, was ich tue, ist eine Antwort. Alles wird dann Dienst an Gott und Umgang mit ihm.

21. Januar

Glaube an Gott, das ist nicht Fürwahrhalten eines höheren Wesens irgendwo im Jenseits, so wie man, obwohl man noch nie da war, Eis am Nordpol für vorhanden hält. An Gott glauben, meint, ich vertraue, daß ich in Gott bin, in Gott geborgen. Das Geheimnis der Welt hat mich lieb und braucht mich. Ich bin Teil von diesem Geheimnis der Welt, bin eine Faser am Lebenstau, ein Zweig an Gottes Baum. Das ist besiegelt in der Taufe und bestätigt in der Konfirmation, und alle Gaben, die ich habe, alle Begabungen sind mir von diesem Geheimnis der Welt gegeben. Und alle Probleme sind mir von ihm aufgegeben. Glaube schafft, ja, ist ein Lebensgefühl. Alle Mühen und alle Freuden erlebe ich als Aufgaben und Glückseligkeiten. Nicht anonyme Mächte behandeln mich, sondern die Hand Gottes, die nach mir greift, nährt und drückt mich, zwingt und streichelt. Aber immer bleibe ich sein.

22. Januar

Wir sind verflochten, hoffentlich, in ein gutes, in ein großes Leben. Wenn nicht, dann sind wir nur Gras, das der Wind verweht. Setzen wir doch darauf, daß wir als kleine Lebensfasern eingezwirnt werden von Gott in seinen großen Faden, in das große lange Seil des Lebens. Dann weiß man doch, wohin man gehört. Nicht mein Glück, nicht mein individuelles Glücksgefühl schafft mir den Sinn, sondern daß ich mit Eltern, Großeltern und Kindern und Enkeln, Nachbarn und Freunden und Nichten und Neffen und Gefährten zusammen lebe, ein Stück des großen Lebens genieße und erleide. Und irgendwann nimmt mich Gott und zieht mich nach vorn und läßt mich das Ganze sehen.

23. Januar

Christlicher Glaube ist eine Haltung zum Leben, eine bestimmte Art von Lebensmut, keine Sache für den Kopf nur, sondern christlicher Glaube reicht von der Seele bis in die Fingerspitzen. Es ist eine Art inneres Koordinatensystem. Wenn man das hat, dann kann man jeden Punkt an die richtige Stelle setzen. Ich glaube schon, daß Jesus, sein Leben, sein Weg ans Kreuz, seine Auferstehung das Koordinatenkreuz, die X-Y-Achse für wahres Leben angibt. Ich möchte diesen Maßstab meinem Leben unterschieben. Ich möchte, daß er gilt, ich möchte ihn gelten lassen; ich will meinen Wünschen und Trieben und Interessen und Gefühlen den Platz anweisen in diesem Koordinatensystem.

24. Januar

Jeder steht im Schnittpunkt seines Glücks- und Unglückssystems. Jeder hat ein Recht auf seinen Glauben, seine Beziehung zum Geheimnis der Welt. Vielleicht ist noch der, der sagt: »Ich glaube nur an den Zufall« frömmer, als er meint. Vielleicht ist der Zufall nur die Gottesfurcht derer, die sich nicht Gläubige zu nennen getrauen.

25. Januar

Wir wünschen Glauben, der uns verankert und gleichzeitig freimacht. Der Glaube ist wie ein Mobile, jenes zarte Gebilde, das im Raum hängt und doch: ein Lufthauch kann es bewegen. Die Teile sind beweglich, weil sie festgehalten sind. Sie sind abhängig und doch nicht festgelegt. Ihre Bewegungsfähigkeit haben die Mobiles durch ihren Halt. Ich möchte dazu einladen, Jesus nachzuglauben, daß Gott uns hält und ich darum ausschreiten kann. Ich bin gehalten, und darum muß ich nicht krampfhaft meine Positionen behaupten; Gott zutrauen, daß er mich und die vielen hält in einem sehr labilen und gefährdeten, balancenreichen Gleichgewicht! Er hält zusammen, und darum will ich nicht ausscheren und mich abschneiden von dem Faden, vermeintlich in der

Hoffnung, ich hätte dann mehr Freiheit. Dann fiele ich auf den Boden. Ich hätte keine Luft mehr unter den Flügeln, kein Zutrauen mehr und würde immer eingeengter.

26. Januar

Mit dem ausgelaugten, dem abgegriffenen, dem so unendlich oft mißbrauchten und befleckten Wort Gott meinen wir den, der uns unbedingt angeht, den Erfinder des Lebens, das Subjekt der Welt, die unausschöpfliche Fülle guter Möglichkeiten für alle, das Geheimnis, den Sinn der Welt. Der Liebhaber des Lebens hat sich in den Kopf gesetzt, uns zur Liebe zu gewinnen. In uns halsstarrige, schwerfällige, eigensüchtige Kreaturen hat sich Gott verliebt. Uns formt er, ihm ähnlich zu werden. Mit den Bäumen und mit den Tieren hat Gott es viel leichter. Die gehorchen ihm von Natur aus. Aber uns Menschen hat er geschaffen, um sich an uns zu mühen. Dazu hat er uns die Freiheit eingeräumt, sogar unseren eigenen Herrgott zu spielen. Aber laßt uns doch nicht glauben, Gott ließe sich außer Kraft setzen! Unsere Illusionen schlagen uns in Stücke. Einen jeden läßt Gott auf seine Weise für sich reifen. Die Ernte eines jeden Lebens bringt Gott ein, und er sortiert und bringt zurecht und heilt. Das Leben ist doch die Schule Gottes. Laßt uns doch nicht zu klein denken von dem, der uns näher ist als die Luft, die wir atmen.

27. Januar

Auszubildende sind wir, Lehrlinge der Liebe Gottes, eben weil noch soviel Mißtrauen und Triebbildung, Selbstliebe und Selbsthaß in uns sind. Darum müssen wir bei Jesus in die Schule gehen. Er war der glücklichste Mensch und der Glücklichstmachende. Und er ist nicht vorbei und verweht, sondern bleibt die uns zugewandte Seite Gottes. Er spricht mit uns, wenn wir nachlesen, was damals anfing. Und hättest du den Weg verloren, an seinen Gleichnissen könntest du dich nach Hause tasten.

28. Januar

Da fragte einer: »Wo ist denn Gott?« und bekam zur Antwort: »Er ist mit dir beschäftigt!« Das drehte ihn um. Er suchte Gott nicht mehr in sich oder über sich im Jenseits, sondern er suchte sich als einen, der zu Gott gehört, wie ein Zweig zum Baum, wie eine Rebe zum Weinstock.

29. Januar

Gott liebt dich, er hat dich ja erfunden. Sein Interesse betreibt dich. Du und ich sind Zellen seines Körpers, Glieder seines Leibes, in dir und mir lebt er seine Freude, seine Schmerzen. Das muß mir doch die Bremsklötze von meiner Seele wegreißen. Ich will nicht mehr fragen, wie kann Gott das und das zulassen, als wäre er jenseits vom Leben. Gott läßt das Leid nicht zu, sondern er erleidet es. Denn wir sind ja Splitter von ihm, dem Ganzen. Wir – flüchtige Strudel in ihm, dem Meer, Fasern in ihm, dem Lebensnetz, du und ich, eine Stunde in seiner Zeit, du und ich ein Blatt, eine Frucht an Gottes Baum. Das erleben heißt leben. Mich als Teil vom Ganzen zu spüren, ja, das wär's.

30. Januar

Das Gute ist nicht einfach in der Welt vorhanden. Vielmehr müssen wir das Gute tun, damit es in der Welt sei. Erst die Tat des Menschen ruft das Gute hervor. Ihm ist es in die Hand gegeben, durch sein Tun das Gute herbeizuführen, d. h. es zu wählen. Deine Entscheidungen vermehren das Gute oder steigern dessen Defizit. Sag nicht, es käme auf dich nicht an. Du vermehrst so nur die Dunkelheit.

31. Januar

Herr allen Lebens, du Geheimnis der Welt!
du hast uns so gemacht, daß wir dich suchen.
Du hast uns Sprache verliehen,
daß wir uns aussprechen können.
Wir danken dir für die Wunder des Lebens,
für Lieben und Lachen und Weinen.
daß wir arbeiten können und feiern,
nehmen und geben, hören und reden,
leben und sterben dürfen in dir.
Wir klagen dir
unsere Friedlosigkeit und Ungeduld,
klagen stellvertretend für die Leidenden,
denen die Gebete verschmachten.
Wir bitten dich, laß dein Reich kommen
zu allen Mühseligen und Beladenen.
Dein Wille geschehe
auch gegen unsere kurzsichtigen Interessen.
Wir wollen mit dir gegen Verhältnisse
angehen, in denen Menschen erniedrigte,
geknechtete, verlassene, geächtete Wesen sind.
Herr, mache uns zu Mitarbeitern deines Friedens.

Februar

1. Februar

Der für mich atemberaubendste Satz im Neuen Testament ist ganz kurz: Wer liebhat, der ist von Gott geboren und kennt Gott. (1 Joh 4,7) Ich verstehe das so: Wer liebhat, der lebt aus Gott, der ist ihm nah, dem ist er vertraut, der glaubt an ihn, der lebt mit ihm im Gleichklang. Wer liebhat, hat teil am Atem, der das Leben beseelt. Der ist in Gott und Gott in ihm. Wir werden angesprochen als Geliebte Gottes. Laßt uns nicht Ausschau halten nach einem jenseitigen Wesen. Laßt uns doch damit erst mal zufrieden sein; Gott ist Liebe, und wo Liebe ist, ist Gott in Gestalt der Liebe da. Ich weiß, wir wollen Gott gern pur. Wir wollen Gott und Liebe destillieren. Wir wollen Gott definieren, und das heißt ausgrenzen von dem, was er tut. Wir wollen das Subjekt getrennt von den Taten. All das gelingt nicht. Gott suchen außerhalb seiner Liebe, das ist, als möchte ich die Erde kennenlernen, aber ohne Wasser und Felder und Wüste und Bäume. Wo Liebe ist, ist Gott in Gestalt der Liebe da. Er ist die Inbrunst, der Glutkern alles Liebens.

2. Februar

Hat denn die Sonne und die Natur nichts mit Gott zu tun, abgesehen davon, daß Gott sie geschaffen hat? Der grandiose Kosmos und die kleinsten Bausteine, die subatomaren Teilchen und die Sonnenblume – jedes Stück Natur ist ein Teil gestalteter Schöpfungskraft, ist in Materie gegossener Gotteswille. Und jedes Stück Natur verrät seine Handschrift, aber ist nicht Gott. Ein Mensch ist von zu Hause fort. In der Fremde erhält er ein Paket von seiner Mutter. Seine Mutter hat ihm einen Kuchen gebacken. Der Kuchen duftet, erinnert und bringt den Geschmack an Heimat auf die Zunge. Aber der Kuchen ist nicht die Mutter. Der Kuchen ist ein Stück gestalteter Mutterliebe. So sollen wir die Dinge sehen: gestaltete Liebe sind sie, Grund für Dank, Lockruf zur Verantwortung. Aber kein Mensch, kein Ding soll uns Gott sein. Wohl sollen uns die Teile der Wirklichkeit erinnern an den Ganzen, uns Sehnsucht machen nach dem Vollkommenen. Aber wir sollen nicht der Sonne danken, nicht dem Computer danken, sondern für die Sonne und für den Computer.

3. Februar

Jesus als das Bild Gottes. Ein Leben, von dem Gott sagen konnte, das bin ich, so bin ich wie dieser Zimmermannssohn mich erlebte, mich erlitt, mich erhoffte, in ihm fand ich mich wieder, in ihm könnt ihr mich finden. Jetzt sucht mich in denen, die Liebe leben, die Leid tragen, die hungern nach Gerechtigkeit, die mich ersehnen, je mehr sie mit Bösem beladen sind. Und folgt eurer Berufung, Menschen zu werden, die mir entsprechen, die nicht satt werden an den Bilanzen und Begierden und nicht zufrieden gestellt sind mit Leisten und Verbrauchen. Du Mensch bist so gemeint, daß das Geheimnis des Lebens sich ein Stück weit in dir offenbart: also nicht bewußtlos, apathisch da sein, sondern lebendiges Wachsein! Teilen und nehmen und geben, sorglos, offen fürs Staunen und Danken und Spielen und Beten – und fürs Frieden schaffen.

4. Februar

Gott schuf den Menschen ihm zum Bilde, zum Bilde Gottes schuf er ihn. (1 Ms 1,27) Wir Menschen geschaffen, um sein Bild abzugeben. Wir als die lebendigen Wesen, in denen Gott etwas von sich durchscheinen lassen will! Vielleicht wie sich Sonnenlicht spiegelt in allen Seen, Flüssen und Meeren, so will Gott sich spiegeln im Menschen. Dann bin ich dazu auf der Welt, daß ich von Gottes Liebe, von Gottes Sein etwas widerspiegle. Dann kommt es nicht darauf an, daß ich Bilder habe von Gott und den Menschen, nicht daß ich mir Bilder mache, sondern daß ich Bild sei! Aber wer ist dann der Betrachter? Gott? Er, das Geheimnis der Welt in mir, in dir, in den uns unbekannten Flüchtlingen, in den Gebärenden, in den Sterbenden; überall will er sich zeigen, will er sich wiederfinden, will er unser Leben leben, sich unsere Gesichter aufsetzen; er will unsere Liebe sein, ein Gott, der vermummt in menschlichem Leben er selbst ist.

5. Februar

In Jesus gewann Gott Hand und Fuß und Mund und Ohr. Keinen weltenfernen Allmächtigen gibt es seitdem mehr, sondern der Schöpfer hat sich eingemischt in die Menschengeschichte. Er lebt mit in den Freuden und Schmerzen der Menschen, er erstarrt unter den Schlägen, erblüht in den Freundlichkeiten. Aber das hat er versprochen: Er bleibt nicht stecken, er gibt nicht auf, er treibt die Geschichte in seine Arme. Was sind Tod und Leben anderes, als Töne in Gottes Symphonie – dem großen Lied von Gottes Liebe, dem Lied, das nicht verweht und nicht ans Ende kommt. Und ich und du, wir sind die Noten in Gottes Partitur, wie sollen wir herausfallen und vergessen sein, wenn Gott sich in uns Klang verschafft.

6. Februar

Du bist nicht da, um etwas zu leisten, sondern um zu sein. In der Liebe, in Gottes großem Kraftnetz der Verbundenheit, darin nimm dich wahr als ein Teil.

7. Februar

Wenn mich einer fragt: Wo ist denn Gott?, dann will ich sagen: Er ist am Schaffen. Er tröstet und teilt, er erzieht und richtet recht, er versöhnt – und er leidet. Gott ist damit beschäftigt, das Üble zu verwandeln. Er erzwingt nicht die Ordnung. Wenn Gott die Ordnung, das Gute auf dieser Welt erzwingen würde, wer wäre denn dann noch da? Dann wären wir doch alle weggespült. Nein, Gott rottet uns nicht aus, sondern verwandelt uns.

8. Februar

Wir alle haben Lebensphasen, in denen man sich von Gott, vom Sinn des Lebens verlassen fühlt. Da meine ich, gar nichts kann mich mehr bergen, ich bin völlig isoliert, mir scheint keine Berührung mehr zu gelingen, mein Vertrauen ist verbraucht – ich sehe keinen Sinn mehr. Dann lebe ich wie unter einer Glocke aus Milchglas. Überall, wo ich anfasse, stoße ich an Kälte. Der Himmel ist mir verschlossen. Dann sind die Erinnerungen ausgetrocknet, ich fühle mich abgeschnitten. Ich sehe mich alleingelassen in einer Welt ohne frohe Botschaft. Dann ist es lebenswichtig, daß ich Gemeinde suche, Menschen, die mich erinnern, die noch den Glanz der gemeinsamen Hoffnung in den Augen haben; die mir Pfand sein können für die Wahrheit Jesu:

1. Du bist nicht eine Perle, in den Schmutz getreten,
sondern du gehörst zu Gottes Kette, bist an Gottes Hals.

2. Du bist nicht eine Melodie, vom Wind verweht, sondern du stehst in Gottes Partitur.

3. Du bist nicht ein und alles, sondern du gehörst zu allen.

4. Du machst nicht dein Schicksal, sondern du trägst es.

5. Dein Lebensweg ist nicht das Leben, sondern Gott will in deinem Leben ein Stück Weg gehen.

6. Gott lebt nicht davon, daß du von ihm überzeugt bist. Aber du lebst davon, daß er von dir überzeugt ist.

7. Gott steht dir zu nah, als daß du über ihn reden solltest.

Sprich Gott an, schrei ihn an, klag seine Versprechen ein, aber sag »du« zu Gott! Sag nicht: »Wie kann Gott das zulassen.« Frag Gott: »Wie kannst du das zulassen.«

9. Februar

Wir fallen nicht tiefer als in Gottes Hand. Was sollte die Kraft haben, Gott von uns zu trennen? Das Urteil anderer Menschen? Trübsal, Angst, Entbehrung, Gefahr? Wir selbst entkräften uns, wenn wir Gottes Verheißung nicht in Gebrauch nehmen. Ziehe diese Zusagen an: Du bist geliebt, trotz allem, was gegen dich spricht, geliebt in allem, was über dich kommt.

10. Februar

Wir sind ausgestattet mit Talenten, mit Herzlichkeit, auch mit Geld und mit Einfühlungsvermögen. Wir können abgeben, wir können lieben. So teilt Gott seine Schöpferkraft mit uns. Laßt uns doch die Freude genießen, andere zu beglücken: nur so erleben wir uns als reich. Aber laßt es uns auch andern erlauben, uns zu beglücken, und laßt uns ihnen Dank geben, laßt uns genießen, wie Herzen sich öffnen und erstarrte Seelen auftauen und Gesichter blühen vor Freude.

11. Februar

Bei den Friesen lautet ein beliebter Spruch: Rüm hart, klaar Kiming – festes Herz und weiter Horizont. Christlicher Glaube räumt den weitest denkbaren Horizont ein: die Liebe, Gott nimmt kein Ende, er wird immer mehr. Gott ist auf dem Weg, sich zu vollenden. Mein Leben ist eine Strecke seines Weges, die ich mitgehen und mitgestalten darf. Mein Bruchstückleben gehört in Gottes Puzzle, meine Liebe ist ein Stück von der Liebe Gottes, meine Schuld ein Stück Kante im Puzzle. Das ist wohl ein weiter Horizont: In uns allen wirkt Gott, und in wem Gott geatmet, gelebt, gelitten hat, der bleibt in Gott, auch wenn er zwischendurch stirbt. Die Liebe jedenfalls hofft für alle, auch für die Toten.

12. Februar

Warum ist so viel Leid in der Welt, wenn Gott der Liebhaber des Lebens ist? Jesus gibt auf diese Frage keine Antwort. Aber er wird zur Antwort: Gott, das Subjekt der Welt, läßt das Leid nicht zu, sondern leidet es mit! Er schwebt nicht jenseits als Regisseur oder Zuschauer, sondern versenkt sich ins Lebendige. Er liebt und lacht und leidet und stirbt unsere Tode mit.

13. Februar

Christen können die Weltgeschichte glauben als die mühselige schöne lange Geschichte Gottes mit seinen störrischen Söhnen und Töchtern – die Weltgeschichte als Liebesgeschichte Gottes, als sein Kampf um Einverständnis mit ihm. Kein Herrgott, der eine radioaktiv verseuchte Erde in den Mülleimer schmeißt. Dieser Gedanke, daß sich Gott von seiner Erde trennen könnte, daß Gott also aufgibt, uns zur Liebe zu locken – ich will es nicht glauben um Jesu willen. Nicht weil ich meine, daß Gott nur die eine Erde habe; ich glaube, Gott hat viele Erden, auch wenn er viele Erden hätte, gibt er nicht eine auf, die ihm zu viel Schwierigkeiten macht. Er sucht gerade das Verlorene. Darum kann ich's nicht glauben, daß Gott die Erde unserer Dummheit überläßt. Aber es ist unsere Sache, Gott dabei zu helfen.

14. Februar

Der liebende Wille, den wir doch nur hilfsweise »Gott« nennen, er zieht sich als Liebesstrom durch Natur und Geschichte. Gerade da, wo Liebe nur als Mangel, als Sehnsucht sich ereignet, da betreibt es Gott, daß, mit Worten von Marie Luise Kaschnitz, »die Lieblosen dieser Erde seine Liebe werden, die Häßlichen seine Schönheit, die Rastlosen seine Ruhe, die Wortlosen seine Rede, die Schweren sein Flug«. Dazu sollten wir den Liebesstrom durch uns hindurchgehen lassen, ihn nicht bei uns aufhalten.

15. Februar

Ein Sprichwort heißt: Hoffen und harren hält manchen zum Narren. Nicht in die Spruchweisheit unseres Volkes eingegangen ist leider das Wort der Bibel: Hoffnung läßt nicht zuschanden werden (Röm 5,5). Sicher gibt es viele falsche Hoffnungen. Oft verhindern wir, daß passieren kann, was wir erhoffen. Dennoch: Hoffen ist die Energie des Lebens. Hoffnung ist für das Leben wie der Sauerstoff für die Lunge. Wer keine Hoffnung hat, erstickt an der Gegenwart. Aber Hoffnung verändert die Welt.

16. Februar

Manchmal wird man gelebt. Dann kann man das Leben nur über sich ergehen lassen und wird zum Holzstück, das von der Brandung hin und her geschleudert wird. In solchen Notlagen ist Überleben (fast) alles. Jedenfalls bleibt uns keine Zeit und keine Freiheit, uns einen eigenen Reim darauf zu machen. – Von diesen Katastrophen abgesehen haben wir Recht und Pflicht zur eigenständigen Beurteilung der Lage. Ich kann und muß Stellung beziehen, ich muß verstehen, muß das Geschehen für mich verarbeiten. Das eine ist die Sache, und das andere ist die Einschätzung dieser Sache. Wie ich das Leben beurteile, das sagt mir mein Glaube. Was ich mir von den Dingen sagen lasse, wie ich sie einschätze, ob ich Zukunft erhoffe und Neues und Gutes oder ob ich alles grau in grau sehe, das ist mein Glaube. Und wenn einer »nicht ganz bei Trost ist«, dann meinen wir, er sieht nicht, was ist, er nimmt nicht richtig wahr, er beurteilt die Lage falsch. Wenn ich einem helfe, daß er wieder zu Trost kommt, dann helfe ich ihm, die Welt so zu sehen,

wie sie in den Augen Gottes ist, wie sie von Gott aus
gemeint ist.

17. Februar

Geschenke muß man auspacken und in Gebrauch nehmen. Meist veralten Geschenke schnell. Nur ganz wenige bleiben wichtig, vielleicht ein Leben lang, weil ich im Umgang mit diesem Geschenk anders werde. Diese Erfahrung mit Geschenken möchte ich übertragen. Jesus Christus, ein Menschenleben, uns geschenkt. Nicht veraltet, seit 80 Generationen wichtig geblieben, weil Menschen von diesem Geschenk sich verändern ließen. Voraussetzung ist: Auspacken und in Gebrauch nehmen. Das Geschenk Jesus in Gebrauch nehmen heißt, Jesus anwenden als Maßstab für mein Denken, mein Tun und Fühlen. Mich anstecken lassen von Jesu Elan: intensiver leiden und lieben, sorglos, aber konzentriert arbeiten, feiern und verzichten, Sünde benennen, ohne zu richten, Feindschaft abbauen, ohne mich zu arrangieren und immer wieder mich von Jesu Hoffnung beflügeln lassen, mich tiefgekühlten Christen auftauen lassen zu blühendem

Leben. Dann kreise ich nicht mehr um mich, sondern kann mich eingeben in Gemeinschaft. Ich erfahre, wie meine Fähigkeiten fruchtbar werden für andere.

18. Februar

Jesus hat die Zukunftsbilder mit der Gegenwart verknüpft: Gottes Reich ist mitten unter uns im Anbruch (Lk 10,11). Er heilt die Kranken, macht Blinde sehend, Tausende werden satt von Wenigem, Gauner kommen zur Einsicht, Machtbesessene lassen los. Jesus sieht alle Dinge im Licht ihrer künftigen Möglichkeiten, im Licht des anbrechenden Gottesreiches. Weil Gott mit uns unendliche Liebe vorhat, wird er abwischen alle Tränen von unseren Augen, und kein Leid wird mehr sein und kein Geschrei (Offb 21,4). Darum gibt Jesus keinen auf, er macht in uns Möglichkeiten frei, er lehrt uns wieder hoffen. Und Jesus erträgt das Unabwendbare im Vertrauen auf Gott: All das Grauen ist Morgengrauen, ist auf Heil und Befreiung aus. Alles Leid und Unrecht gehören in die »Werdewelt« Gottes. Auch das Leid verwandelt Gott in gute Zukunft.

19. Februar

Ich weiß mich verpflichtet, Gott zu danken. Schon wenn ich einen um Feuer bitte, und ich bekomme es, bedanke ich mich. Wie müßte ich, verglichen damit, Gott für das Leben danken? Ich lebte in der Dankbarkeit wie der Fisch im Wasser. Und Gott dienen wäre das Normale. Gott gehören und für sich selbst leben, das ist eigentlich Diebstahl an Gott. Gott dienen, indem ich ihm helfe, seine Menschen, seine Kreatur zu schützen und zu bewahren, das ist ein Lebensprogramm. Und wem es glückt, der ist begnadet. Er weiß sich eingespannt in seine Arbeit, sieht sich mit seiner kleinen Kraft als Mitarbeiter Gottes.

20. Februar

Beten ist sprechen mit Gott. Aber wo ist Gott? Ist er außen? Wenn wir sonst sprechen, sprechen wir mit einem andern, der außer mir ist. Aber Gott ist ja nicht irgendein andrer außen, Gott ist uns näher, als wir uns selbst sind. Er ist unsere Mitte. Inmitten von mir bin nicht ich, sondern er. Und beten ist, mit Gott zusammenhängen und mit Gott zusammengehören. Betend rufe ich nicht Gott zu mir, sondern rufe mich zu Gott. Wenn wir Gott anrufen, lassen wir uns hereinrufen in Gott. Wir sprechen uns aus vor Gott. Wir informieren ihn nicht; er weiß mehr von uns als wir, aber wir geben uns zu erkennen. Wir kennzeichnen uns als in Gott, vor Gott seiend. Betend rufe ich mich vor ihn. In Psalm 103 ist dies angedeutet: »Lobe den Herrn meine Seele, und was in mir ist, seinen heiligen Namen. Lobe den Herrn meine Seele und vergiß nicht, was er dir Gutes getan hat.« Das Innerste fordert meine Seele auf, mich in Gott wahrzunehmen. Beten realisiert, daß nichts und niemand gottlos ist, und daß alles von Gott durchtränkt ist, und darum uns nichts scheiden kann von der Liebe Gottes. Diese Zuversicht haben Christen Jesus Christus abgeguckt und abgeglaubt. In dieser Zuversicht beten, heißt, im Namen Jesu Christi beten.

21. Februar

Laßt uns das »Vaterunser« nehmen als roten Faden durch unser Leben. Jenes Gebet, das uns immer wieder begegnete, in das wir einstimmten in guten und bösen Tagen, das wir still für uns sprachen und viele Male für einen andern gesprochen haben. Vielleicht finde ich mich ja wieder in den einzelnen Bitten, vielleicht gewinne ich erstmals dies Gebet lieb als Ankerplatz für meine Seele. Vater unser im Himmel, geheiligt werde dein Name. – Vieles unterscheidet uns voneinander, manches trennt uns unüberbrückbar, aber das verblaßt und wird von der Gewißheit überstrahlt: Unser Vater, unser gemeinsamer Schöpfer und Erfinder und Betreiber unseres Lebens, unser Gott, Mutter des Lebendigen, alles umarmend und bewahrend, verbindet und durchströmt uns alle. Daher wohl die ursprüngliche Verwandtschaft zwischen allen Menschen, daher wohl auch die Sympathie zueinander, wenn man es sich erlaubt, aus der Mitte, aus Gott zu leben.

22. Februar

Dein Name werde geheiligt. – Ja, das möchte ich, dich ehren in allen Menschen und Dingen, du, das unverwesliche Geheimnis der Schöpfung. Aber oft entschied ich gegen dich. Ich ließ mich begeistern von Glanz und Gloria und Macht und Nation, ließ meine Bedenken oft wegschwemmen und stimmte ein in die Vergötzung von Menschen, die sich als groß ausgaben. Vielmals, Gott, habe ich deinen Namen mißbraucht, habe an Menschen und Dinge mein Herz gehängt, als wäre es ein und alles. Wen haben wir nicht alles vergöttert, und hinterher zeigten sich die Gespenster, die gnadenlosen Organisatoren des Elends. »Der Tod ist ein Meister aus Deutschland« (Paul Celan); wir haben es erlebt, es mitgetan und bitter bereut.

23. Februar

Herr, unser Gott, dein Reich komme – Ich war sehr damit beschäftigt, mein kleines Reich zu bauen. Aber jetzt will ich mich mehr um dein Projekt kümmern. Du willst Frieden, Freude, willst trösten und teilen. Ich will helfen, daß dein Reich komme, deine Liebe bis zu uns hinreicht. Gib mir noch Zeit, freundlich zu werden zu den Freundlosen und stecke mich an mit deiner großen Hoffnung, die keinen leer läßt! Mache meinen Horizont weit bis ins ewige Leben.

24. Februar

Dein Wille geschehe wie im Himmel, so auf Erden – Ja, das will ich: Dein Wille soll an mir und durch mich geschehen. Wieviel habe ich mir als vermeintlichen Willen Gottes einreden lassen, habe nicht durchschaut, daß Habgier oder Menschengehorsam, Illusion oder Feigheit mir diese oder jene Entscheidung nahelegten. Ich verzweifelte an manchem Schicksalsschlag, haderte und fühlte mich ungerecht von dir behandelt. Aber rückblickend, Herr, im nachhinein stimme ich mehr und mehr ein: »Der dich erhält, wie es dir selber gefällt, hast du nicht dieses verspüret« – vor meinem inneren Auge glättet sich manches. Das zu früh gezeugte Kind, der schwierige Gefährte, die gesundheitlichen

Einschränkungen – damals verzagte ich, doch du lehrtest mich leben mit dem Aufgegebenen. Ja, Herr, ich will in Zukunft mich mehr um deinen Willen kümmern, will überlegen, was in deinem Sinne ist.

25. Februar

Unser tägliches Brot gib uns heute – Ach ja, wie viele Wunder stecken in den täglichen Mahlzeiten, die ich genoß, den kargen, den festlichen, in Hungerjahren und in den Zeiten des Wohlstandes; wieviel erhörte Gebete, wieviel unsagbar tiefer Dank damals für Steckrüben und eine Kartoffel. Und jetzt im Überfluß, wieviel gedankenloser Undank. – Ich will Gott helfen, anderen ihr tägliches Brot zu besorgen. Und zum täglichen Brot – ich habe es erfahren – gehören Gefährten und Freunde und Nachbarn. Zu keiner Zeit war ich völlig allein. Ich habe so viel Liebe erfahren, so viel Hilfe und Mut. Ja, nicht von Brot alleine mußte ich leben, sondern von Gottesworten durch Menschen hindurch gesagt und getan. So viel Licht ins Dunkle gabst du mir, so viel Schutz durch Vertrauen, so viel überraschende Zuneigung von vormals fremden Menschen. Und du gabst mir Menschen, die ich vorwärts bringen konnte, und die mir so Halt und Sinn gaben. Herr, gib mir auch heute und morgen meine Ration an Selbstvertrauen und Hingabelust. Mach mich zum Helfer und Freund für viele.

26. Februar

Und, Herr, vergib uns unsere Schuld, wie auch wir vergeben unseren Schuldigern! Nein, Herr, laß mein Vergeben nicht das Maß sein, denn ich habe mit manchen gebrochen und trage so manchem die Schuld immer noch nach. Aber dein Vergeben ist großmütig! Du hast mir immer wieder Chancen eingeräumt, du hast Wandel angebahnt und Wege geöffnet. Noch mein Schreckliches hast du wieder gut gemacht, die von mir geschlagenen Wunden hast du heilen lassen. Ich bitte dich, vergib mir Ungeduld und Nachlässigkeit und Blindheit. Halte mich an deiner Lehre, daß ich barmherzig werde und weise.

27. Februar

Und führe uns nicht in Versuchung, an dir zu verzweifeln. Manchmal war ich drauf und dran, alles hinzuschmeißen, mich und alles aufzugeben; war in Versuchung zu zerstören und zu zertreten, was doch von dir stammt. Herr, daß du mich bewahrt hast vor dem schwarzen, kalten Götzen »Sinnlosigkeit«, mich immer wieder eingeholt und in Vertrauen eingebettet hast – ich will es dir nie vergessen. Ich will jetzt bewußter leben, will mehr nachdenken und besser verstehen, will andern helfen, ihren Lebenssinn zu entdecken. Die Last an Trauer und Scheitern, die andere schleppen müssen, will ich ein Stück mittragen, daß sie herausfinden aus Alleinsein und Irrtum.

28. Februar

Herr, erlöse uns von dem Bösen – Ja, ich habe so viel Böses bemerkt. Die grauenhafte Macht der Tyrannen in Staat und Gesellschaft. Wie rücksichtslos Menschen sich nach vorne schieben zu allen Zeiten! Ich erschrecke über unsere Besitzlust, die nicht teilen will. Ich fürchte, daß wir unsere Friedlosigkeit nicht zügeln können. Ich kenne mich selbst und weiß, wieviel Dunkles in mir wirkt. Herr, dankbar sehe ich auch, wieviel Gutes gelingt, trotz aller Verfehlung. Ich gedenke der Verstrikkungen, aus denen du mich befreit hast. Und bitte dich, treibe deine Erlösung durch alles Leben und mach mich heil durch Altwerden und Sterben hindurch. Ich kann nicht denken, daß du, Herr, dich abfindest mit diesem dunklen Gemisch aus Gut und Böse, aus Geborenwerden und Sterben. Ich hoffe auf Heimkehr und Frieden und innige Gemeinschaft. Ich hoffe, aufzuerstehen in Gott! Du bist doch alles in allem, du Liebhaber des Lebens. Dein ist das Reich und die Kraft und die Herrlichtkeit in Ewigkeit! Amen.

29. Februar

Herr allen Lebens, du Geheimnis der Welt!
Wir danken dir, daß du dich vor Zeiten entschlossen hast, nicht allein zu bleiben, sondern dir eine Welt zu schaffen, ein Werk, in dem all deine Kraft, deine Zuneigung, deine Phantasie sich gestalten können.
Wir danken dir, daß du dich entschlossen hast, neben Himmelskörpern und Planeten, Sonnen, Monden und Milchstraßen, Leben wachsen zu lassen;
daß du deiner Erde besondere Aufmerksamkeit geschenkt hast und in einer Milliarde Jahre Leben wachsen ließest, bis hin zu uns.
Wir danken dir, daß du dir Wesen schufst, die mit dir reden dürfen, denken dürfen, die dich fühlen dürfen, die dich genießen dürfen, und es wissen können, daß du uns mit Bewußtsein ausgestattet hast.
Herr, das ist so wunderbar.
Aber es ist auch mühevoll, teilzunehmen an deinen Schmerzen, an der Ungerechtigkeit deiner Menschheit,
an den Qualen und Leiden und an der Schuld, die in der Welt ist.
Dann wünschen wir uns manchmal, nicht mehr denken zu können und zu versiegen.
Herr, du hast uns so gemacht, daß wir dir widersprechen können
Wir können deine Energie mißbrauchen,
können uns selbst zum Mittelpunkt unserer Welt ernennen.
Du hast uns die Fähigkeit gegeben, Gut und Böse zu unterscheiden und damit auch Gutes und Böses zu tun.
Herr, wir danken dir, daß du uns so kompetent gemacht hast,
daß für dich etwas auf dem Spiel steht, ob wir lieben oder hassen.
Wir sind also nicht zum Zeitvertreib da oder aus Zufall. Sondern sind Phasen deiner selbst, in denen du lebst und liebst und leidest.
Du trägst in uns und gegen uns deine Welt zu deinem großen Ganzen, wo du ein und alles bist.
Herr, wir danken dir, daß du deinen Jesus auferweckt hast zu bleibendem Leben. Du sprichst zu uns mit seinem Gesicht, das nimmt uns die Angst vor allem namenlosen Schicksal. Du hast uns mit dir versöhnt, jetzt laß uns als Versöhnte leben.

März

1. März

Ich will das Leben verstehen als Auftrag zu antworten. Ich will horchen. Was geschieht, geschieht mir. Ich bin herausgerufen zur liebevollen Reaktion, die Annahme der Lebenssignale nicht zu verweigern. Es geht darum, daß ich den Hörer abnehme und mich nicht verleugnen lasse. Ich will mich nicht aufspielen als Zuschauer des Lebens, um dessentwillen du die Welt inszenierst. Ich will betroffen sein und mich von dir ins Geschehen einmengen lassen.

2. März

Wir brauchen Geschichten, die uns die Augen öffnen, die uns zu denken geben, die unsere Seele nähren mit Vorstellungskraft. Von selbst wissen wir nicht, was in uns steckt. Dumpf sind die Ahnungen, Wünsche rumoren, und viel Angst ist in uns. So bleiben wir lieber bei dem Bewährten, dem Anerzogenen. Klein ist unser Glaube, groß sind die Tatsachen, klein unser Horizont, stark die Gewöhnung ans Vertraute. Darum ist es gut, Menschen zu treffen oder Geschichten zu hören, die uns schlagartig bewußt machen: »Das kann doch nicht alles gewesen sein, das bißchen Sonntag und Kinderschreien.« (Wolf Biermann) Dann spürst du deinen Hunger nach intensivem Leben. Du wirst dir deines Mangels bewußt und sinnst auf Veränderung. Die Bibel ist voller Geschichten, die Veränderung, ja, Heilung einer Person von innen her beschreiben. Lies sie wieder – und du findest dich.

3. März

Mit Jesus als Prisma zerlegt sich mir die Welt neu. Mit Jesus als Prisma vor Augen schließt sich mir die Welt auf als die Werkstatt Gottes. Ich nehme mich wahr als Beteiligter, Betroffener, Beauftragter, als Zeitgenosse Gottes, als sein Gefährte in der Zeit. Ich werde auf einmal hineingezogen in sein Werk. Ich, der ich nur Zuschauer sein wollte, sehe mich auf dem Spielfeld.

4. März

Manchmal bin ich wie abgeschnitten von Jesu Energie. Dann geht mir der Zusammenhang der Welt verloren. Die Sachen und Menschen werfen Schatten, als wären sie riesengroß und ich nur ein Stäubchen, der Verlierer, der Stehengelassene. Dann muß ich mich nach innen kehren, mein Ohr an den legen, der von innen her spricht. Die Bildworte der Bibel, vor allem die Gleichnisse machen, daß Gott mir wieder dämmert, und die Dinge und Menschen gewinnen, bei Jesu Licht besehen, wieder menschliches, erträgliches Maß. Und ich sehe mich nicht mehr tappen, sondern schreiten, sehe mich wieder einen Weg gehen, und die Furchteinflößer weichen zurück wie Nebelschwaden.

5. März

Wohnung machen will in mir und dir der Christus-Gott. Was folgt, wenn wir kapieren? Du bekommst eine Seele, groß wie die Welt, liebevoll wie Gott, friedensstiftend wie Jesus. Du wirst losgekettet von der Angst, du seiest doch nur ein Nichts. Du wirst freigebunden von der Gier, haben und raffen zu müssen. Flügel wachsen dir hinter der Stirn, Flügel der Hoffnung für die ganze Menschheit. Und Kräfte wachsen dir zu, mit Geduld und Augenmaß mehr Freundschaft und mehr Gerechtigkeit in den Menschen zuzulassen. Diese Freundschaft und diese Gerechtigkeit sind da. Wir brauchen sie nicht zu machen, wir brauchen sie nur zu entbinden. Du wirst im anderen den Glanz Gottes entdekken, wenn du ihn nimmst als Krippe Gottes. Du wirst seine Schönheit entdecken, seine guten Gedanken, seine guten Gefühle. Du wirst bewußter, dankbarer, empfindsamer und großzügiger. Du wirst einfach mehr Mensch. Wenn du dich mit Christus einläßt, dann wirst du mehr Freude an dir haben! Du wirst sogar jauchzen! Du kleiner Teil vom großen Mobile des Lebens, du wirst dich nicht mehr um dich selbst nur drehen wie ein Kreisel, der sich dreht, bis er umfällt. Du wirst erleben, daß durch dich hindurch die Kräfte des Ganzen gehen. Du fühlst dich getragen und für die Balance des Ganzen mit verantwortlich. Dein Leben wird anders. Du wirst anders.

6. März

Stell dir vor, du könntest es Gott glauben, daß du geliebt bist, daß du dich also nicht dem Zufall verdankst, sondern dem aktiven Willen Gottes, daß du dich also als geliebt annehmen kannst, geliebt genau wie du bist – mit deinen Dummheiten und Torheiten und mit deinen verqueren Ideen! Wenn wir uns anerkennen als von Gott Geliebte, wären wir gerettet. Aber Paulus sagt ja: Unser Erkennen jetzt ist Stückwerk. Uns bleiben nur Umrisse, Spuren der Liebe. Doch wir werden sehen, werden uns sehen, wie wir längst von der Liebe erkannt sind. Auf dem Weg zur vollen Erkenntnis können wir einander gut sein auf irdische und unvollkommene Weise. Wir können den großen Durst nach Liebe nicht stillen, aber wir können einander Wegzehrung sein. Die große Sehnsucht nach Liebe, das ist unsere Sehnsucht nach Gott selber. Aber bis wir uns in ihm sehen, bis dahin können wir einander Pfand sein, daß wir ankommen werden in der Fülle des Lebens.

7. März

Müßte ich mein Innerstes beschreiben, würde ich wohl sagen: Ich will geliebt werden und lieben. Und genau dieser Wunsch ist Gottes Energie in mir. Er, der Liebhaber des Lebens, hat uns mit sich angesteckt. Meine kleine Lust zu lieben und geliebt zu werden, ist seine Energie. Gott selbst ist die Quelle unserer Sehnsucht nach Liebe, und er ist auch das Ziel unserer Liebe. Darum kann kein Mensch unsere Sehnsucht nach Liebe stillen. Im Gegenteil – je lieber ich Menschen habe, desto mehr liebe ich in ihnen und durch sie hindurch Gott, den Lebendigen, den Guten, den Schöpfer, den Erlöser, den Heilmacher, den Ganzen. Von dieser uns eingespeisten Sehnsucht sich treiben lassen, das bewirkt und erntet gutes, sinnvolles Leben.

8. März

Christen haben Jesu Gebot: Liebe deinen Nächsten wie dich selbst, solange gedreht und gewendet, bis es hieß: Liebe deinen Nächsten statt dich selbst. Eigene Wünsche und Empfindungen sollte man möglichst verbannen und wunschlos aufgehen im Dienst für andere. Das wurde zur christlichen Tugend. Aber das ist eine Fehlentwicklung, und sie ist schon länger entdeckt. C. S. Lewis schreibt 1944 in der Dienstanweisung an einen Unterteufel: »Beachtet einmal die bewundernswerte Leistung unserer philologischen Abteilung. Sie hat die positive christliche Nächstenliebe durch negative Selbstlosigkeit ersetzt.« – Darum auch so viele gehetzte Gesichter unter den Christen. Wir dürfen uns mögen und sollen es. Wer sich selbst verneint und sich nicht mag, begeht Unrecht, denn Gott verabscheut nichts von dem, was er gemacht hat (Weish 11,24).

9. März

Liebe zu Mitmenschen fängt damit an, daß ich mich selber mögen und leiden kann. Damit haben wir alle unsere Schwierigkeiten. Aber wenn es wahr ist, daß Gott mich will, dann ist jede Selbstverachtung auch ein Stück Gottesverachtung. Wir sollen Gott glauben, daß er uns lieb hat, mit unseren häßlichen Seiten. Und sollen daraus Kraft ziehen, den Nächsten auch zu mögen. »Ich bin Leben, das Liebe will, inmitten von Leben, das Liebe will.« (nach Albert Schweitzer) Das weiß ich doch. Dann weiß ich auch, was der andere braucht. Einander zur Ergänzung leben ist unser Auftrag!

10. März

Wir sollen nicht stumme Helden des Alltags werden, die hart und verborgen ihr Schicksal meistern, sondern Brüder und Schwestern, die beieinander anklopfen und die Wohltaten locker machen, die Gott in uns deponiert hat. Wir können soviel füreinander sein. Dies Glück haben wir noch nicht erschöpft. Wenn wir uns zuständig sehen für Not, dann geht uns erst die Fülle an Gaben auf, über die wir verfügen dürfen.

11. März

Wer weiß mehr vom Leben: der Schöne oder der Gebeugte, der strahlende Sieger, der Könner, der Glanzvolle oder der Bedürftige, der olympische Athlet auf dem Spielfeld oder der Zuschauer im Rollstuhl? Wir ahnen, der Eingeschränkte, der Behinderte weiß mehr vom Leben! Und doch wünschen wir, der Vitale zu sein! Solange wir gesund sind und Erfolg haben und durch äußere Attraktivität begünstigt, Gemeinschaft leicht herstellen können, kommen wir uns vor, wie die Herren und Herrinnen der Welt. Wir merken gar nicht, wie wir mit unserer Arroganz Benachteiligte tyrannisieren und uns selbst blind halten; blind für die unendliche Abhängigkeit meines Glücks von Bedingungen, die außerhalb meiner selbst liegen. Besonders in Krankheit muß ich um alles in der Welt Gott denken dürfen – nicht als kalten Klumpen außerhalb, nicht als isoliertes Subjekt, abgetrennt von der Welt, sondern als »den guten Zusammenhang aller Dinge«. Dann, wenn mein Sein im guten Zusammenhang gefährdet ist, dann weine und schreie, hoffe und glaube ich mich in Gott. Ich verlasse mich darauf, daß ich in seinen guten Händen bin, die mich festhalten im Guten!

12. März

Wir brauchen Sinnbilder, Zeichen, die zeigen, wie die Dinge und wir selbst zusammengehören. Das waren noch Zeiten, als an den Kreuzwegen, den gefahrvollen und holprigen, Wegkreuze aufgestellt waren, Insignien der Verheißung. Psalm 23 betend wußte der Vorübergehende: »Und ob ich schon wander im finstern Tal, fürcht ich kein Unglück, denn du bist bei mir und tröstest mich.« Gott, das Geheimnis der Welt, geht mit in die Gefahr, er wird Gefährte der Menschen. Das zeigten die Kreuze mit dem leidenden Gottesmenschen: Der Grund der Welt hält dich und trägt dich durch so viel Angst und Plagen, durch Zittern und durch Zagen. Finstere Täler öffnen sich.
Umwege werden zum Weg.

13. März

Herr allen Lebens, in uns ist viel Furcht! Furcht vor Schmerzen, Abschied, Verlusten, Furcht vor Niederlagen und Enttäuschungen. Das Böse, das Zerstörende, ist nicht nur draußen, sondern auch in uns. Wir haben Angst. Und doch gibst du uns ab von deinem Geist; gibst uns Lebenskraft, Liebe, Besonnenheit. Gegen die Einflüsterungen, die uns niederdrücken, richtest du uns auf. Stärke uns den Glauben, daß du uns für wichtig hältst. Stärke uns die Überzeugung von der Würde und Unantastbarkeit jedes Menschen. Locke uns in die Liebe zu allem Lebendigen. Öffne uns für den Nächsten, der uns braucht. Und lehre uns Besonnenheit. Mach uns bescheiden in den Ansprüchen für uns und gerecht in den Forderungen für andere. Lebensmut und Liebe und Besonnenheit laß wachsen, Herr, in uns und all deinen Menschen.

14. März

Eine kleine Geschichte: In panischer Angst rief ein Mann in der englischen Stadt Farrington die Polizei an und berichtete, daß er in einer Telefonzelle eingeschlossen sei. Polizei und Feuerwehr rasten mit Blaulicht und heulenden Sirenen zum Schauplatz des Ereignisses: dort erklärten sie dem Verdatterten schließlich, daß die Tür nach innen aufgehe. Auch bei der Angst gilt: die Tür geht nach innen auf. In dir sind die Kräfte, die Furcht überwinden!

15. März

»Wer mir nachfolgen will, der nehme sein Kreuz auf sich (Mk 8,34)« Wir ahnen, was das meinen könnte, sein Kreuz auf sich nehmen. Wir haben diesen Klageruf schon gehört und vielleicht auch gesagt: »Das ist ein Kreuz mit diesem Mann, mit dieser Frau, mit diesem Kind, mit diesem Chef, mit dieser Krankheit, mit dieser Zeit!« Aber das Kreuz ist nicht nur Zeichen für Lebenslast. Es ist auch Pluszeichen, Verbundenheitszeichen. Das Kreuz ist ein Zeichen für Ganzheit, nicht für Trennung – das ist minus –, sondern für Zusammenhalt. Wenn wir unsere Lebenslast »ein Kreuz« nennen, dann verstehen wir: wir sollen an unserem Platz zusammenhalten, was auseinanderstrebt. Wir sollen in Jesus zusammenhalten: Leid und Hoffnung, Lieblosigkeit und Liebe, Böses und Gutes. Wir sollen uns als Klammern brauchen lassen, mit denen Gott das Leben zusammenhält. Und keinen sollen wir verloren geben, keinen verfluchen, keinen ausstoßen, keinen der Verzweiflung überlassen. Keiner soll verwahrlosen im Leid. Gott sucht Menschen, die ihr Kreuz ein Stück weitertragen und damit Raum schaffen für Änderung.

16. März

Jesus hat geglaubt, daß Gott, das Wirkliche, selber noch auf dem Weg ist, vollkommen zu werden. Gott ist noch dabei, das Lieblose, Gewalttätige, Böse zu erleiden, und es durch Erleiden aufzusaugen und zu verwandeln. Noch, noch leidet Gott mit allen seinen Menschen! Noch leidet Gott mit an dem Mangel der Welt. Gott läßt nicht das Leid zu, sondern er schickt sich ins Leid. Darum ist es voller Verheißung.

17. März

Auch das Leiden, das Sterben trennt uns nicht ab von Gott, weil Gott nicht überm Sternenzelt ist, sondern hier im Gewoge des Lebens, im Handeln und Leiden. Wir sind in Gott eingeflochten und er in uns. Das fordert und schafft einen diesseitigen Glauben; Vertrauen, daß wir in der Fülle der Aufgaben ganz in Gottes Armen sind. In den Ratlosigkeiten umarmen wir Gott und Gott uns. Und dann nehmen wir nicht mehr unsere eigenen Leiden so furchtbar tragisch, sondern das Leiden Gottes in der Welt, das nehmen wir ernst.

18. März

Das bekannte Unglück ist uns oft lieber als das unbekannte Glück. Wieviel Waffenstillstand wird versäumt, es wird weitergekämpft bis zur Kapitulation einer Seite; wieviel Schulden werden aufgehäuft bis zum Offenbarungseid; wieviel Ehen aufrechterhalten bis zur totalen

Zerfleischung; wieviel Einsamkeit bis zur Erstarrung? In wieviel Irrtum verbeißen wir uns lebenslänglich? Halt ein, mach Bilanz, schreib die Illusionen ab, trenn dich von zukunftslosen Verhältnissen, wage neue Freundschaft, vielleicht eine neue Arbeitsstelle. Lern ohne Süchte auszukommen und such das unbekannte Glück.

19. März

An Gott und am Lauf der Welt gibt es viele Zweifel. Aber Jesus kann ich es nicht abschlagen, an Gott zu glauben. Dafür strahlt sein Leben zuviel Freude aus. Vielen gab er Kraft, an ihre guten Möglichkeiten zu glauben. Viele lockte er in die Liebe und machte sie fähig zu Glück und Gemeinsamkeit und zum Tragen von Leid. Diesem Jesus kann ich es nicht abschlagen, mit ihm auf Sinn zu setzen. Und lieber würde ich noch mit Jesus irren, als mit den Aussaugern und Gewalttätern recht zu behalten. Rechnen wir mit Rückschlägen, mit Unverständnis, sehen wir klar, wieviel Mühen vergeblich erbracht und wieviel Holzwege gegangen werden. Aber halten wir an Jesu Blick geübt das Ziel im Auge: Leben ist da, daß es gelingt. Laßt uns die Frage festhalten: Mein Gott, warum? So zeigen wir: Sinnlos soll Leben nicht sein. Erst wenn wir nicht mehr fragen, warum, dann ist alles tot.
Wir können für Sinn einstehen. Wir.

20. März

Was gegen Gott spricht, trägt er noch, legt es sich auf in uns. Gott trägt noch am Kreuz seiner Schöpfung. Und bis zu seiner Vollendung trägt er auch die Kainsmale an seiner Stirn (Elias Canetti), leidet Qualen an seinem Leib. Und wir sind die Glieder. Jesus, die uns zugewandte Seite Gottes, sagt das so: »Was ihr getan habt einem dieser meiner geringsten Brüder und Schwestern, das habt ihr mir getan.« (Mt 25,40) Welch eine Verheißung, aber auch welche Verantwortung, ein Mensch zu sein!

21. März

Wir wünschen uns kindischerweise die Verzauberung der Welt in einem Nu. Aber Gott selbst hat Geschichte. Er geht einen Weg, und kein Teil seiner Schöpfung soll verloren sein. Wenn Gott, der Ganze, heil und ganz sein wird, werden auch wir, die Teile von ihm, ganz werden. Wer sich vorher schon für ganz hält, der sollte statt mit Morgensport seinen Werktag mit einem Krankenbesuch beginnen. Was nützen kalte Herzen in durchtrainierten Körpern?

22. März

Wir alle nehmen vom Leben mehr, als wir ins Leben investieren, wir nehmen auch von andern mehr, als wir ihnen zurückgeben. Auch leiden wir weniger, als wir es verdient hätten. Diese Rechnung kann ohne Gott nicht aufgehen. Wenn wir ihn nicht denken, enthauptet sich unser Denken. Darum liegt das Lied unserer Seele so nah: »In wieviel Not hat nicht der gnädige Gott über dir Flügel gebreitet?« – Mittels Menschen, die es dir nicht heimzahlten, dich nicht verrieten, die deinen Schaden wieder gut machten und dich nicht festnagelten auf Versagen.

23. März

Warum ist Jesus noch wichtig? Das Modell für Menschlichkeit hat er gelebt; er, der Gott gleich war, beutet es nicht aus, sondern entledigte sich aller Privilegien, aller Vorrechte und wurde gehorsam und nahm das Leid auf sich. (Phil 2,6–7) Damit hat Jesus den Herzschlag der Welt offengelegt: die völlige Liebe Gottes zu all seiner bedrängten Kreatur. Und die Frage ist an uns, ob wir im Kreislauf Gottes die Blutkörperchen sein wollen, die den Sauerstoff der Liebe an die verletzten Stellen bringen. Also jeder Morgen eine neue Berufung! Jeder Bissen Nahrung eine neue Stärkung! Kehren wir um, weg von der exklusiven Selbstbeglückung, hin zum Nächsten. Und wir werden eine Freude erleben, die unermeßlich ist. Nicht Zerstreuung, sondern Verbundenheit, nicht Belustigung, sondern Freundschaft, nicht matte Behaglichkeit, sondern Frieden.

24. März

Finsteres Tal – jeder hat es erlebt in Form von Depression oder Arbeitslosigkeit, fruchtlosem Bemühen, Alleinsein, Verblendung, und doch wir haben auch erlebt, daß finsteres Tal nicht Sackgasse blieb. Sondern Gott führte hindurch, und er tat weites Land auf, wir konnten wieder anfangen, wieder Zutrauen gewinnen, sind nicht verlorengegangen. Und noch im Finsteren wird nicht nur Schwärze sein. Nachts sieht man die Sterne. Hoffnung zieht uns nach vorn. Erinnerung an Überstandenes schiebt uns – Stecken und Stab, genug, um zu überleben, getröstet auf den nächsten Tag hin.

25. März

Wenn wir zu Menschen in Leid sagen: »Nur Mut! Kopf hoch! Wird schon werden!« Warum reißen wir da so selten eine Wand ab, bieten meist nur matte Worte? Weil wir nur mattes Mitleid haben? Wenn wir überzeugt wären, daß Änderung möglich ist und diesem Leidenden bevorsteht, würde unser Wunsch die Veränderung einleiten. Für uns ist wichtig, was andere glauben. Der Glaube anderer kann uns anstecken. Wenn ich ein Leid habe, und der andere redet mit mir so, daß ich ihm abspüre, er hat mich schon aufgegeben, wie niederschmetternd ist dann sein »Kopf hoch« oder sein »Es wird schon werden«! Es klingt, als sagte er: Schick dich ins Unvermeidliche. Anders klingt Jesu Wort: »Fürchte dich nicht. Glaube nur!« (Mk 5,36) – Es reißt Mauern der Hoffnungslosigkeit ein. Nichts ist endgültig, keiner muß so bleiben, niemand ist verloren! Denn Gott, das Geheimnis der Welt, hat sein Werk in Arbeit, und sein Werk ist: Heilen, versöhnen, glücksfähig machen. »Fasse Mut!« heißt, fasse Gott bei seinem Versprechen, daß du ewiges Leben kriegst; schon jetzt Liebe und Hoffnung für Seele und Leib.

26. März

Wir haben panische Angst vor Leid. Wir haben mehr und mehr verlernt, mit Leiden auszukommen, die mit diesem Leben fast notwendigerweise verknüpft sind. Das Leid in dieser Zeit wird abgedrängt in die Isolation. Wer krank ist, möge sich zurückziehen. Wer schwerer krank ist, kommt schnell ins Krankenhaus, und schon die Leichenwagen sind mit grauer Farbe getarnt. Nichts soll uns stören in unserer Sucht, leidlos leben zu dürfen. Gern blenden wir ab, was betroffen machen müßte. Als Anerkennung ist der Ausruf Jugendlicher gemeint: »Der ist so cool.« Der so gepriesen wird, tut, als ließe ihn alles kalt und nichts gehe ihm nah. Kein Wunder, wenn Seelen verhärten und Gesichter gefrieren und viele Menschen nicht eigentlich leben, sondern Leben nur vortäuschen. Doch wir sind lernfähig, wenn auch durch Leid hindurch.

27. März

Jesus rückt Gott und das Leid nah zusammen. Aber er hält Gott und Leid noch auseinander. Sie verschmelzen nicht. Mein Gott, warum hast du mich verlassen? ruft Jesus (Mk 15,34). Er hält die Nähe zu Gott, sagt ›mein Gott‹, auch wenn er Gott und Sinn entfliehen sieht. Die Auferstehung rückt Jesu Schicksal und Gott zusammen. Der die Dunkelheit Gottes aushielt und sich in sie fallen ließ, weiß, daß er auf Gott zustürzt. Das besiegelt die Auferstehung: wir bleiben in Gott. Bleibt die Dunkelzone bei der Frage nach der Ursache des Bösen unauflösbar für unser Denken, so gibt sich doch Gott als Zielscheibe der Sünde. Die Hoffnung ist in die Welt getreten, daß einmal das Böse ausgetrunken und aufgesogen sein wird von Gott selbst. Das ist die Auferweckung zu einem Verstehen von Leid, das stärkt.

28. März

Mein Leben ein Teil vom ganzen Leben, meine Liebe ein Hauch vom Atem Gottes. Aber da stirbt ein junger Mensch und wird beweint. Sein kurzes Leben, für sich allein gesehen, scheint nahezu sinnlos. Die Liebe der Eltern, für sich allein gesehen, fast umsonst. Wenn aber das einzelne Leben und die einzelne Liebe Teil von Gottes Leben, Gottes Liebe ist, dann ist nichts sinnlos. Dann ist es »in Gott« getan. Die erlittenen Schmerzen hat der Sinn der Welt erlitten. Gott hat sie gespürt. Eine Mutter leidet die Schmerzen des Kindes mit, als wär's ein Stück von ihr. Gott aber leidet die Schmerzen als seine, weil jeder Mensch Glied an seinem Leib ist. Dann können wir nicht mehr fragen, warum läßt Gott das Leid zu, sondern können nur mit Gott leiden, daß er noch so leidet und müssen alles tun, was in unserer Macht steht, um Leid zu verringern.

29. März

Wie wird ein Mensch mit Leid fertig – das klingt so, als wäre ich hier und gegenüber wäre Krankheit oder der schwierige Ehepartner oder die Einsamkeit. Mit Leid fertig werden, das klingt so, als könnte ich mir das Leid auf Distanz halten, ihm möglichst wenig Gewicht beimessen. Aber Paulus sieht das anders (Röm 5,3): Leid bringt Geduld, Geduld bringt Erfahrung, Erfahrung bringt Hoffnung – haben wir das erlebt? Menschen, die gelitten und geduldet haben, sind erfahrungsreicher und tragen zur Hoffnung bei. Sie haben im Leid mehr von sich erfahren. – Wie zärtlich wir das Kind lieben, das auf der Intensiv-Station hinter Glas uns entzogen ist. Wie dankbar uns ein Anruf macht, gerade wenn wir meinen, wir wären verachtet und vergessen. Sicher kann Schmerz auch abstumpfen. Es gibt leidverwahrlostes Leben. Aber das Leid, das uns zugemutet wird, ist noch hoffnungsträchtig. Wir sind erst kleine Schüler im Fach Lebensmut! Daß wir empfänglich werden für all die Zutaten, die den Lebensmut fördern, daß wir Freundschaft gewähren und die Last des andern mittragen, daß wir also durchlässig werden für Glück und nicht verstopft bleiben, das ist unsere Sache.

30. März

Vieles jagt uns Furcht ein, aber wir stehen nicht allein. Schon das könnte uns ein wenig trösten. Man muß nur einmal stundenlang am Meer entlanggehen, allein. Aus der Ferne kommt einer auf einen zu, und man fängt an, sich mit ihm zu beschäftigen und hat auch ein Stück Furcht: Was denkt er, was sagt er, geht er an mir vorbei? Wenn der dann grüßt und sagt: »Guten Tag, ist es nicht schön heute«, dann weicht schlagartig jegliche Furcht, und man wird sich ein Stück vertraut. Von diesem Geheimnis der gemeinsamen Furcht leben sicher ein Drittel aller Heilungserfolge in den Krankenhäusern, wo man sich gegenseitig bestärkt und sagt: »Ja, ich habe auch Angst, aber es wird für uns beide gut.« – »Liebe treibt die Furcht aus.« (1 Joh 4, 18) Dieses Wort zeigt uns den Weg, mit Furcht nicht allein zu bleiben.

31. März

Gott, du Quelle alles Lebendigen.
Du hast uns beschenkt mit Sein und Zeit.
Ich danke dir, daß du mich geschaffen hast
mit allen Kreaturen,
mir Gesundheit und Intelligenz, Gefühl und Willen
gegeben hast und noch erhältst.
Du hast um mich ein Netz der Fürsorge ausgespannt.
Wieviele Menschen, wieviel Natur hast du aufgeboten,
daß ich leben und mich freuen kann.
Herr, laß mich neu erkennen,
daß ich zum Nehmen und Geben da bin.
Ich will Zuneigung fördern,
will mit anderen teilen, was mir gewährt ist.

April

1. April

Dort am Kreuz starb der Mensch mit der größten Hoffnungskraft. Immer wieder ließ er ewig gutes Leben aufscheinen, bekehrte Menschen zu glühender Hingabe an die Liebe, schüttete Himmel auf die Erde, ließ den Lahmen Flügel wachsen und noch den Blinden ein drittes Auge für die Glückseligkeit. Der so vielen Beweis wurde für Gottes Nähe, stirbt in die gnadenlose Leere, ins Nichts. Er fährt nieder zur Hölle der Gottesferne. (»Die hoffnungsloseste Stelle der Welt ist da, wo der Mensch, der Gott nie verlassen hat, von Gott selbst verlassen hängt«. (Heinrich Vogel) Der Garant für Gott stirbt gottlos und wird begraben nur noch beweint. Wäre er nicht erstanden, so wäre die Welt vergangen zu einem unsinnigen Automaten. Das Kreuz wäre das Zeichen für »Ausixen« der Hoffnung auf Gott. So aber ist das Kreuz Plus-Zeichen Gottes für die Welt. Gott selbst litt diesen äußersten Tod. Seit Ostern ist das Kreuz, ist Jesu Tod das Siegel auf dem ahnungsvollen Psalm 139:

Wohin soll ich gehen, um deinem Geist zu entkommen?
Wohin soll ich fliehen vor deinem Angesicht?
Führe ich gen Himmel, so bist du da;
bettete ich mich bei den Toten, siehe, so bist du auch da.

Damit wird unsere Wirklichkeit Gottes Sache. Die Geschichte mit den tiefsten Tiefen auch meines eigenen Lebenslaufes ist Gottes Kreuzweg, ist Gottes Lebenslauf in die Fülle, ins Ganzwerden.

2. April

Ja, als Jesus noch da war als der Herr, war Petrus der treueste Gefährte. Aber als Jesus verloren schien, wird Petrus verschlungen von der Gier, nur ja nicht verstoßen zu werden. Um sich selbst zu retten, verleugnet er, was ihm eben noch hochwichtig war. Vor lauter Tarnung und Verstellen verliert er sich selbst. Petrus sagt: »Ich kenne den Menschen nicht!« (Mt 26,72) Und sagt damit: Nicht nur den Menschen nicht! Sondern ich weiß nicht mehr, wer er ist, ich weiß nicht mehr, wer ich bin, ich weiß überhaupt nicht mehr, was menschlich ist. So schillernd werden unsere Gewissen dann. Ich bin kein anderer als der, der ich handle und rede und schweige. Und so verraten wir ständig unsere eigene Sehnsucht nach Liebe, indem wir dem andern, der auf uns rechnet, klammheimlich die Rückendeckung entziehen. Oder wir verraten ein sinnschweres, ein sinnvolles Leben durch pflegeleichte Beziehungen und Unterhaltung, die nur noch zerstreut.

3. April

»Jesus schrie laut.« (Mk 15,37) – Jeder Schrei auf dieser Erde nach Sinn und Wärme und Liebe und Dazugehören und Nichtabgetrenntsein vom Ganzen schreit nach Gott. Es gibt auch Schreie, die trennen, die verfluchen: »Kreuzigt ihn!« (Mt 27,22) – Die johlende Menge mit Schaum vorm Mund, rasend, Sportpalast, die zum Tier gewordene Masse. Aber ein einzelner, wenn er schreit, schreit er nicht immer: »Save our souls«, den alten Seefahrerruf: Rette unsere Seelen!? Jesus schrie laut. Er schrie sich in Gott hinein. Er hielt fest im Augenblick des Loslassens. Er wies seinem letzten Funken den Weg: In deine Hände – nicht ins Leere, sondern ins Ganze: In Gott. Mehr Gewißheit nicht? Weniger nicht!

4. April

Jede Tat der Liebe macht Gott bei den Menschen gegenwärtig. Ja, in jeder liebenden Tat ist Gott da und erschafft Auferstehung und Versöhnung und Zukunft und Friede und erlöste Blicke. Reich Gottes wächst dann, wenn Liebe gelingt. In jeder lieblosen, zerstörenden Tat ist Gott ausgeschlossen, verneint, weggeschickt, verhöhnt. Also steht doch Ewiges auf dem Spiel in deinem alltäglichen Tun und Lassen.
Gut, das zu wissen.

5. April

Daß Jesus den Menschheitsschrei geschrien hat, setzt ihn ins Recht. Er ist nicht Seufzer der Vergeblichkeit, sondern Hinweis auf ein Weiter. Jesus kennzeichnet die ganze Schöpfung als einzige Frage nach dem Urheber und Vollender. Unser Lebendürfen, wie kurz, wie beengt, wie zwangvoll auch immer, ist Schrei nach mehr; ist Frage und Begehr nach Fülle und Sinn. Wir sind hier und jetzt nur Anlauf, Traum, sind eine Übung. Die Lebenszeit ist die Schule der Sehnsucht nach Liebe und Ganzheit. – Seit Jesus mit der Gewißheit auf Versetzung.

6. April

Gott saugt den Haß auf, indem er sich ihm stellt. Andeutungsweise tun wir ähnliches dem Ehepartner und dem Kind. In gnädigen Augenblikken halten wir uns der Aggression hin, lassen uns von dem Wutentbrannten treffen und stillen ihn so. Hält sich Gott auch hin? Trägt er die Schuld? »Wenn das Universum lieben könnte, wären wir erlöst«, sagt Albert Camus. Paulus sagt das so: »Gott war in Christus und versöhnte die Welt mit sich selber... So sind wir nun Botschafter an Christi Statt... So bitten (!) wir nun an Christi Statt:
Laßt euch versöhnen mit Gott!« (2 Kor 5,19–20)

7. April

Empfänglich für Gott und Sinn inmitten der Gottesfinsternis – so bürgte Jesus für Gott, für den wahren, allmächtigen, auch die Gottlosigkeit und das Grausen umfassenden großen, ganzen Gott. Und sagte zuletzt: »Vater, in deine Hände befehle ich meinen Geist.« (Lk 23,46)
Menschsein ist Gottes bedürftig sein. Das hat Jesus stellvertretend für uns gelebt, damit wir es nachleben.

8. April

Karfreitag allein, das wäre Selbstmord, Totenkult, sinnleerer Schmerz, völlige Verzweiflung. Ostern allein könnte einladen zur Werbe- und Glitzerwelt ewiger Jugend: die Bösen ins Gefängnis, die Kranken dem Blick entzogen, die Hungernden vergessen, die Schwachbegabten verstecken und die Toten abtun, als wären sie nicht gewesen. Karfreitag allein wäre Hiroshima auf ewig. Ostern allein wäre die Illusion eines Gottes und einer Welt ohne Schmerz, wie Blumenkinder es sich träumen. Klar, daß wir Ostern gerne feierten als das Fest des frühlingshaften Christus-Helden, den nichts kleinkriegt und der Bürge ist für einen Gott, der immer wieder auf die Füße bringt. Aber so ist Ostern nicht. Der auferstandene Jesus Christus, wie ihn die Jünger bezeugen, hat die Nägelmale vom Kreuz behalten. Die Leiden sind eingegraben in seine Gegenwart. Der Gekreuzigte, der Gottgehorsame, der ist auferweckt. Leid und Schmerz sind nicht Episode, sondern dieses Leben Jesu ist das Modell. Menschsein heißt Lieben und Dulden.

9. April

»Manchmal stehen wir auf, stehen wir zur Auferstehung auf mitten am Tage, mit unserem lebendigen Haar, mit unserer atmenden Haut. Nur das Gewohnte ist um uns. Keine Fata Morgana von Palmen mit weidenden Löwen und sanften Wölfen. Die Weckuhren hören nicht auf zu ticken, ihre Leuchtzeiger löschen nicht aus. Und dennoch leicht und dennoch unverwundbar geordnet in geheimnisvolle Ordnung vorweggenommen in ein Haus aus Licht« – so sagt es Marie Luise Kaschnitz. Manchmal, da wird uns alles einfach und klar. – Verbunden leben wir dann, zwingen nicht, sondern fließen, lieben und lassen uns lieben, nehmen und geben und teilen und besorgen, was in unserer Kraft steht. Wir Hilflosen helfen, wir Stummen finden Sprache, wir Blinden sehen den Himmel offen. Uns Ängstliche faßt der Mut. Einfälle fallen uns ein, die nicht von »schlechten Eltern« sind, sondern vom heiligen Geist. Wir toten Seelen werden wachgeküßt. Manchmal stehen wir zur Auferstehung auf mitten am Tag, dann passiert von einer Stunde zur anderen ewiges Leben, und Sterben könnte leicht werden, weil ich weiß, daß ich bleibe in der Quelle des Lebens.

10. April

Entscheidend für unsere Freiheit und unser Überleben wird es sein, ob genug Menschen an Christus glauben. Die Auferstehung Jesu für wahr halten ist noch nicht christlicher Glaube. Jahrhunderte zweifelten nicht an der Auferstehung und doch unterdrückten sie einander und verheerzen einander die Länder. Es geht darum, daß ich den auferstandenen Christus mir Herr und Heiland sein lasse, ich seinen Lebensrhythmus übernehme. Also nicht ein Frommsein – kein Sprung aus dem Dunkeln ins Licht, kein neuer Mensch, so jetzt hab' ich's, jetzt bin ich's, so bin ich richtig und prima. Sondern ein Frommwerden – zwei-, dreimal am Tag will ich mich präzise bei einem hoffnungslosen Gedanken, einem lieblosen Tun stellen. Will darüber erschrecken und will mich korrigieren. Nicht ein Gesundsein – als brauchte es nur immer so weiterzulaufen und am besten bliebe alles, wie es ist. Sondern ein Gesundwerden – zwei-, dreimal am Tag bewußt Courage und Einfühlung aufbringen. Nicht ein Sein – nichts ist gut, nichts betoniert, nichts fix und fertig. Sondern ein Werden, ein Werdendes. Gott bringt sein Reich doch erst noch zur Welt. Und Christus ist sein Geburtshelfer.

Wir werden doch erst zu den richtigen, heilen Menschen, auch
wenn wir darüber sterben werden.

11. April

Spuren von Jenseitigem in deinem alltäglichen Leben: etwa dein Sehnen nach der großen Liebe, nach ewigem Frieden, nach Gutsein. Daß du deine Normalität als mangelhaft einschätzt, ist doch schon Spur von Jenseits. Ein Bild von völligem Glück ist in deine Seele gedrückt. Es treibt dich und trägt dich nach vorn. Eine Spur Gottes in unserem Leben ist doch auch der Humor, der die Grenzen unseres Alltags und die Niederlagen übersteigt; Galgenhumor vielleicht auch, der noch möglich ist, wo alles hoffnungslos zu sein scheint. Der offenbart mir: ich bin mit meinem Leben angebunden an Größerem. »Unser Mund soll voll Lachen sein«, verheißt die Bibel. »Die mit Tränen säen, werden mit Freuden ernten. Sie gehen hin und weinen und streuen ihren Samen und kommen mit Freuden und bringen ihre Garben.« (Ps 126)

Schon jetzt gelingt in uns dann und wann Lächeln, grundloses
Einverständnis in den sanften harten Gang der Dinge.

12. April

An die Auferstehung glauben, heißt nicht nur für dermaleinst, sondern jetzt, mitten am Tag in unserer atmenden Haut. Auferstehung zum Helfen und Trösten, Beten und Kämpfen; nicht sich aufgeben und den nebenan auch nicht. Hier, jetzt nicht matt werden, in der Verbundenheit Gottes zu leben. Jetzt kriegen wir neue Kraft aufzustehen zu gerechterem Teilen, Gemeinschaft zu bauen und dann mit gelassener Neugier in die Fülle Gottes zu sterben. Diese Lebenskunst kann ich mir nur wünschen. Ich habe sie nicht, höchstens hat diese Kunst mich und macht zum aufgeweckten Menschen.

13. April

In der Taufe bekommst du einen Auftrag: Du, geliebter Mensch, bist zur Liebe bestimmt. Du sollst Liebe entbinden und Liebe geben. Im großen Kräftehaushalt Gottes sollst du dich einsetzen fürs ganze Leben. Durch dich soll es heller werden, wärmer und freundlicher. Du sollst anderen ein Grund mehr sein, gern zu leben.

14. April

Es geht darum, ob wir Christus für den besseren Menschenkenner halten. Ob wir ihm mehr glauben als uns selbst. Er traut uns das Lieben zu, bei aller Schwäche, Müdigkeit und Gier, die wir auch haben. Er kennt uns. Jesus sagt zu den Menschen: Ihr, die ihr arg seid, könnt euren Kindern doch gute Gaben geben (Mt 7,11). Und nicht nur euren Kindern, sondern dem Nächsten – wir können vergeben siebenmal siebzigfach. Wenn wir nur wollen.

15. April

In unserem Wort Lebenslauf ist das Bild vom sinnvollen Leben als einem Lauf, als einem Wettlauf bewahrt. Das meint nicht joggen um der Bewegung willen, sondern laufen, um anzukommen. Also leben nicht um zu leben, sondern um ein Ziel zu erreichen. Liegt das Ziel im Tod? Es wäre absurd, dem Tod entgegenzustürzen. Eher könnte es doch sein, daß der Tod Zielband ist. Kein Läufer rennt zum Zielband, er will ja hindurch. Das Ziel des Laufes liegt nicht im Lauf, sondern jenseits: in Ehrung, Freude, Fülle. Das Ziel unseres Lebens – das hinter dem Zielband, beschrieben am Modell Jesus, heißt: sitzend zur Rechten Gottes. Also in der Fülle, im Heil, in völliger Gemeinschaft sein, wo ich und du und das Ganze eins werden. Nehmen wir den Staffelstab des Glaubens an und laufen unsere Runde Leben.

16. April

Wenn wir an den liebenden Gott nicht glauben, dann müssen wir uns liebenswert machen, müssen Liebe als eine Art Geschäftsbeziehung aufbauen, die dauernd Soll und Haben berechnet. Wenn ich nur noch an mich glaube und meine Hoffnung durch mein Konto eingerahmt ist, muß ich doch geradezu lauern, wer mir das Beste gibt, und daß ich nur ja nichts versäume. Wage doch, noch einmal, endlich, diese Zuversicht: das Geheimnis der Welt will dich, darum lebst du, darum wurdest du in einer Liebesumarmung gezeugt und empfangen, geboren, um Liebe zu nehmen und zu geben, getragen von dem Netz der Liebe, gerufen, das Netz der Liebe mitzuwirken.

17. April

Wenn ich zu einem gut bin, tut das gut. Innen, ganz innen, da ist die Stimme, die mir sagt: Ja, gut so. Ich fühle mich wohl und kann mich leiden, wenn einer durch mich wieder Mut gewinnt, wenn einer durch mich seinen Hunger stillt, wenn einer durch mich gerettet wird, getröstet, geschützt, vor Dummheit bewahrt – wir wissen es doch, warum gönnen wir uns diesen Geschmack am Guten so selten? Es ist der Geschmack an Gott, den wir dann spüren. Darum ist der Nächste so wichtig, weil ich nur mit ihm den Geschmack am guten Leben gewinnen kann. Wenn ich helfe, erlebe ich, daß ich was tauge. Und wenn mir geholfen wird, dann atmet mein Innerstes auf! Ich bin einem Mühe wert, das macht mir wieder Lust zu leben.

18. April

Wer Gott an und für sich ist, das zu klären ist nicht unsere Sache. Aber der Glaube an den Schöpfer schafft Platz, er räumt den Horizont frei für ein bestimmtes Weltverhältnis: Wir sind verknüpft mit allem Sein, sind ein Stück vom Beziehungsgeflecht Gottes. So bist du wunderbar wichtig. Deine Vernunft und deine Liebe, auch deine Dulderkraft sind Energien in Gottes Haushalt. – Nimm dich heute ernst. Laß den Tag nicht verfallen.

19. April

In welcher Sprache wir ihn auch anrufen, ob in biblisch geprägten Worten oder in unaussprechlichem Seufzen – immer schreit die Kreatur nach ihrem Urheber, und noch der Sterbeschrei einer Kuh, noch das brechende Auge eines todwunden Pferdes bewahrt die Ahnung vom Schöpfer. Wir Menschen, der zur Bewußtheit gezwungene und erlöste Teil der Schöpfung, wir Menschen brauchen Gott als Adresse für unsere Klage, unsere Trauer, unser Bitten, unser Hoffen und Danken. Und als letzte Instanz für unsere Schuld. Er schafft uns Tiefe, Weite, Ernst und Würde. Ohne Gott würde alles nur »Haschen nach Wind« (Pred 2,11).

20. April

Das Gebot der Verantwortung für den Nächsten ist uns wohl mitgegeben aus gemeinsamer Herkunft, ist nicht nur anerzogen. Jede Not ist Dissonanz aus einem Grundwissen von Harmonie. – Eine ursprüngliche Ganzheitserfahrung liegt auf dem Grund aller unserer Seelen. Sie treibt uns, für den Nächsten einzustehen, je ausgesetzter, je verlorener er ist. Ihn sehend, erschrecke ich über unsere gemeinsame Verlassenheit. *Ich* bin fast der, der am Boden liegt. Helfend bestätigen wir das Zusammengehören vom Anfang her. In meinem Erbarmen ereignet sich Ursprüngliches. Darum auch schneide ich mir in die eigene Seele, wenn ich achtlos vorübergehe. Ich muß hundert Ausflüchte erfinden, um mein Gewissen zu beruhigen und werde es zum Glück doch nicht schaffen. Reue, Buße, Bitte um Vergebung sind die Heilmittel, die einzigen, die heilen.

21. April

Du hast das Talent, heute, jetzt, hier Gott zu treffen. Im Nächsten, der dich braucht, triffst du Gott und stellst die Würde und den Glanz Gottes her, wenn du ihm gut bist. Wenn ein Mensch wegen dir aufhört, sich für einen Dreck zu halten, wenn einer sich mit deiner Hilfe wieder ein Stück gotteshaltiges Ich zutraut, dann hast du das Reich Gottes mitgebaut.

22. April

Wenn einer dich beleidigt, dann gib nicht kontra; wenn einer schlägt, steck ein; wenn einer mit dir rechten will, ob du ihm fünfzig DM schuldest, gib ihm hundert. Im alltäglichen Umgang mit den andern Menschen passiert Verwandtschaft mit Gott, oder eben nicht. Was wir alles sonst noch von Gott glauben und für wahr halten, es muß sich bewähren zwischen Mensch und Mensch. Was du vom andern hältst, das glaubst du. Wie du den andern siehst, darin entscheidet sich, was du von Gott hältst. Jesus schneidet uns den Irrweg ab, am andern Menschen vorbei, mit Gott uns verwandt fühlen zu wollen. Bittet für die, die euch beleidigen, auf daß ihr Kinder seid eures Vaters im Himmel. (Mt 5,45) Wir sind Freunde Gottes, indem wir Freunde werden denen, gegen die wir Abneigung empfinden.

23. April

Jesus Christus ist oft verborgen unter dem Gesicht eines gütigen Menschen. Denk an Menschen, die dich gefördert und gehegt haben, die treue Mutter, der selbstlose Kamerad. Denk an Menschen, die sich um Gerechtigkeit mühen. In ihnen flackert immer etwas von dem Glauben, daß Gott noch jeden in Liebe ergänzen wird und keinen aufgibt. Das Saatgut Gottes ist das Bild Christi in uns. Dieses Bild Christi trat uns unter der Maske liebender Menschen entgegen. Ja, du selbst arbeitest auch nicht auf eigene Rechnung. Du bist Lichtblick oder »Knüppel zwischen die Beine«. Du machst Menschen die Liebe handgreiflich und so Gott glaubwürdig – oder nicht.

24. April

Suchen wir eine Ordnung des Friedens, die Menschen zusammen leben läßt, vor allem überleben läßt – auch die Kommenden; mühen wir uns um eine Politik, die Menschen Recht auf Freiheit einräumt, ihr Schicksal möglichst selbst zu bestimmen, also ungerechte Chancenverteilung abbaut und Arbeit und Gewinn und Freizeit in ein gerechteres Verhältnis bringt; eine Politik, die Menschen ein Recht auf Eigentum einräumt, vor allem an einer halbwegs intakten Erde.

25. April

Langsam entdecken wir: »Der Schlaf der Vernunft gebiert Ungeheuer« (F. Goya). Wenn die Vernunft fürs Ganze blind wird, hackt der detailbesessene, scharfsichtige Verstand uns die Augen aus. Wo Umsatz höchstes Ziel ist, kommt es nicht auf heilende Wirkung eines Medikamentes an, sondern auf dessen Verkäuflichkeit. Wo alles verkehrsgünstig gelegen sein soll, muß auch das letzte Dorf Autobahnanschluß haben. Wo die Sicherheit einer Nation höchstes Ziel ist, muß diese ihren Turm von Babel weiterbauen, bis sie unter Opfern zur Vernunft kommt und »das Ganze« sieht.

26. April

Gott schuf mich und dich. Wer Gott ist, bleibt Geheimnis. Es fragte ein Junge den Rabbi: »Rabbi, ich gebe dir eine Mark, wenn du mir sagst, wo Gott ist.« Da sagte der Rabbi: »Und ich gebe dir zwei Mark, wenn du mir sagst, wo Gott nicht ist.« Das Definieren und Abspalten, dies Beweisen, indem ich abtrenne, kann nicht gelingen, denn Gott ist das Geheimnis der Welt. Wenn ich das wieder für wahr glauben könnte, daß Gott auch mein Geheimnis ist, dann könnte ich das Leben ertragen und liebhaben mit allem Rätselhaften.

27. April

Wenn wir meinen, das Evangelium sei veraltet, irren wir sehr. Wir sind noch lange nicht hineingewachsen in diese Erfahrung mit Jesus Christus. Wir mit unseren Computerfähigkeiten sind immer noch in steinzeitlichem Glauben befangen. Wir haben Christus noch erst vor uns, haben seine Nachfolge kaum schon angetreten. Zum Glück ist heute nicht nur Fortsetzung von gestern. Neues, Ursprüngliches kann dir widerfahren.

28. April

Welche Eigenschaften spricht »man« den Christen zu? Von Zeit zu Zeit veröffentlichen Zeitungen Umfragen, z. B.: »Was halten Sie von der Kirche oder welche Merkmale verbinden Sie mit den Christen?« Dann werden wohl Güte, Geduld, Nächstenliebe, Gehorsam aufgezählt, aber Lebensfreude steht nicht im Katalog christlicher Eigenschaften. Der Philosoph Nietzsche hatte wohl mit seiner Bemerkung recht: »Die Christen müßten erlöster aussehen, wenn ich an ihren Erlöser glauben sollte.« Eigentlich aber ist die ganze Bibel voll von Gottes Bemühen um Lebensfreude für seine Menschen. Jesus lockt doch zu einer Lebensart, die Gott lieben läßt und den Nächsten und mich selbst. Das eröffnet eine Lebensfreude, die bis ins ewige Leben reicht.

29. April

Eine Illustrierte berichtete in diesen Tagen von einem Menschen, der todkrank ist und weiß, daß er nur noch kurze Zeit zu leben hat. Er kaufte sich von allen Laubbäumen, die in Deutschland wachsen, kleine Setzlinge, fünfzig Stück an der Zahl, und pflanzte sie mühevoll in seinen großen Garten. Er will, wenn er stirbt, Leben hinterlassen, so sagt er, denn Bäume sind ja Sinnbild für das Leben.

30. April

Herr allen Lebens, du Geheimnis der Welt!
Du hast uns gewürdigt als Wesen,
die erkennen dürfen, was gut und böse ist,
die Verantwortung tragen können und schuldig werden dürfen.
Herr, ja, schuldig werden dürfen!
Es ist die Kehrseite davon, daß wir Gutes tun können.
Wir bitten dich um Vergebung für alle unnützen Reden,
für alle heillosen Taten,
für liebloses Schweigen,
für alle grausamen Scherze,
für alles verwegene Reden und Handeln
ohne Augenmaß und Sinn.
Herr, wir bitten für deine Menschen,
die verzweifelt sind in ihrer Schuld.
Lehre sie hoffen und um Vergebung bitten,
daß sie sich neuen Anfang von dir schenken lassen
und führe ihnen Menschen zu,
die mit ihnen einen neuen Weg wagen.
Herr, wir bitten für alle, die leiden und traurig sind,
die verzweifeln und
das Vertrauen verloren haben.
Herr, sprich wieder zu ihnen, laß sie erstarken.

Mai

1. Mai

Arbeiten für gemeinsamen Nutzen, das gehört zur Menschenwürde. Heute schaffen wir uns mit Technik viel mühevolle Handarbeit vom Hals; mit Computern ersparen wir uns mechanische Rechnerei. Um unseren Lebensunterhalt zu erwerben, brauchen wir immer weniger Zeit. Geht uns die Arbeit aus? Es gibt genug zu tun. Freigestellt von Arbeitsfron können wir uns der Gemeinschaft widmen, können Schönheit genießen und mehr Gerechtigkeit in die Verhältnisse bringen. Dazu gehört auch, daß wir Geld, Arbeit und Freizeit besser verteilen und die unbezahlte Tätigkeit für andere würdigen lernen. Trauern wir nicht den Zeiten nach, wo jede Hand von Sonnenaufgang bis Sonnenuntergang gebraucht wurde. Wir können menschlicher werden, seit wir nicht mehr aufgefressen werden von der nackten Daseinssorge. Endlich haben wir zum Nachdenken Zeit – und die brauchen wir dringend.

2. Mai

Wir werden gelebt. Wohl dem, der das glauben kann! Ich und du ein Takt in einem guten Lied, das Gott für dich singt. Uns bleibt, Gottes Lebensmelodie nachzuspielen, die in Jesus veröffentlicht wurde. Da klang sie zum ersten Mal an, aber in dir fährt Gott fort. Er bereitet sich in dir ein Loblied. Wenn du dich freust, merkst du vielleicht dies Geheimnis. Du bist nicht Täter deiner Freude, eher ihr Klangkörper. Und das gilt für die Liebe und für Leid doch auch. Auch fürs Glück. Du wirst beglückt. Du bist im Glück, du machst es nicht.

3. Mai

Das Leiden gehört noch zur Schöpfung wie die Nacht zum Tag. Noch ist Gott an der Arbeit, das Leben erst zu vollenden, noch ist er am Werk, uns vom Übel zu erlösen. Noch werden Träger von Leid gebraucht, Menschen, die mittragen und stützen und nicht allein lassen. Manchmal helfen Lieder als Rettungsringe, die über Wasser halten, und Gebete als Keile, die die Zukunft offenhalten. Lieder und Gebete,

Wurfanker, an denen wir uns nach vorn ziehen können, den Vögeln ähnlich, die schon singen, wenn die Nacht noch dunkel ist.

4. Mai

Singen im dunklen Keller – die Seele schwingt und singt sich ein in einen Rhythmus, der etwas von der Harmonie der Welt zum Klingen bringt. Die Seele ist dann klüger als der Geist, klüger als unsere störrischen Gedanken – unsere Seele singt dann an gegen unsere körperlichen und geistigen Gebrechen. Die Seele ruft uns zur Ordnung, ruft uns in eine innere Ordnung, in die der Mütter, die uns den Schmerz wegsangen: »Heile, heile Segen, es wird doch wieder gut.«

5. Mai

Musik rührt an das Geheimnis der Welt. Musik, durch christlichen Glauben in ihre Tiefe und ihre Höhe gebracht, bietet Klangbilder für den unanschaulichen Gott: Was uns abgerissen und zerstückelt scheint, komponiert Gott zu einem Ganzen, bringt die Gegensätze in eine Harmonie, macht aus Entweder / Oder ein Universum. Recht verstanden bildet große Musik ab, daß ich Querkopf, ich Pfeife von Gott gespielt werde und ich kleine Note eine Rolle spiele in Gottes Partitur. Große Musik ist Wegzeichen, das Heimweh macht nach dem, der mich von allen Seiten umgibt und die Hand über mir hält (Ps 139,5). Solche Erkenntnis ist mir zu hoch, ich kann sie nicht begreifen – aber singen.

6. Mai

Mir hilft es sehr, wenn ich gewahr werde, daß unser Körper betet, ohne Befehl vom Kopf zu bekommen. Wasser aus einer Quelle nach langem Marsch getrunken: unser Körper streckt sich vor Dankbarkeit. Und wer das reduzieren will auf chemische Abläufe, der amputiert seine Seele. Ein Bad in schäumenden Wellen: unser Körper wird zu einem Lobe-den-Herrn. Ein neugeborenes Kind, eine frische Liebe, ein Auferstehen vom Krankenbett: es sagt in mir: »Gott sei Dank!« Eine blitzschnelle Reaktion am Steuer, wir bringen das Auto noch zum Stehen und sinken zurück: das ist ein Aufdiekniefallen hart neben den Autos, die weiterrasen, als wäre von nichts die Rede. Ein Verstummen und die Hand auf den Mund legen vor Schmerz über den Todkranken: das ist Klage zu Gott, denn es fragt nach dem Sinn. Und Sinn ist ein Tarnwort für Gott. Gebet passiert auch ohne christlich getaufte Wörter. Für Menschen ist Beten so natürlich wie Essen und Trinken, denn, so sagt Novalis, »Beten ist die unendliche Sehnsucht des endlichen Wesens nach seinem unendlichen Ursprung«.

7. Mai

Von Gott sollten wir nicht so oft reden in der dritten Person, sondern in der zweiten. Gott ist nicht ein Er, Sie, sondern er ist ein Du, das uns anspricht in allem, was uns begegnet. So mit Gott reden: was meinst du damit, daß du mich dies erleben läßt und dies, gerade dies, mir aufbürdest? – Das gibt mir eine unendliche Würde, aber es nimmt auch den Geschehnissen ihre stumme Brutalität. Die Liebesumarmung und der Mord sind Ereignisse, in denen Gott mitliebt und mitleidet. Alles hat den Schrei nach Vollendung und Stillung und Vergebung in sich. Und mein Tun baut Himmel oder Hölle.

Gut, zu Gott »Du« zu sagen.

8. Mai

Gott danken, das heißt: ich identifiziere alles Gute als Gabe. Alles geht mir auf als anvertraut, geliehen, gewährt auf Zeit. Fähigkeiten erscheinen als Begabungen, die Güter des Lebens als Güte. Noch Verdienenkönnen zeigt sich als Gnade. Gott danken rückt mich zurecht. Gegen meine Lust am Haben und Behalten und den Wall aus Besitz zu bauen, hinter dem ich sicher Egoist sein kann – gegen diesen Geisterfahrer hilft das Danken! Tagtäglich, stündlich, eigentlich jede Minute dies Pulsieren in uns: alles verdankt, alles Güte. Das hilft zu einer Menschenwürde, die nah am Glück ist, weil wir dann gewahr werden, wie beschenkt und geliebt wir sind, und wieviel wir haben, um zu teilen.

9. Mai

Beten ist Strömen Gottes in uns. Alles wahrhaftige Reden ist Antwort auf dieses Strömen. So viel Reden ist Gewäsch, ist Wortspreu, weil es diesen Zusammenhang nicht mehr vernimmt. Zum wahren Reden finden wir erst wieder, wenn wir dies Gespräch Gottes in uns hören, diesen Wärmestrom des Lebendigen in uns kreisen fühlen. Dann werden wir einander zu Ohrmuscheln Gottes, in aller Hinfälligkeit Gefährten auf dem Weg der Liebe. Wir entdecken, daß in unsere Herzenstaubheit Gott sein Hören gesenkt hat. Er ist in uns auf Sendung. Dieser sanfte, mächtige Impuls, mich hinzuneigen zum Nächsten, ist Gottes Gebet in uns.

10. Mai

In einem Zeitungsinterview wurde einer gefragt, ob er an Gott glaube. »Nein«, sagte er. »Und wann«, setzte der Reporter nach, »wann haben Sie zuletzt gebetet?« – »Gestern«, war die Antwort. Dies scheint unlogisch. Beten ist doch Sprechen mit und zu Gott. Wie soll man beten und weiß den Empfänger nicht. Doch möglicherweise ist es umgekehrt. Beten ist das erste. Gotteserkenntnis folgt. Wenn wir reden, und es geht »ums Ganze«, beten wir schon. »Unaussprechliches Seufzen« (Röm 8,26) geht Gott an ohne Worte. Und alle Erkenntnis gipfelt in dieser Gewißheit: Ich verstehe dich nicht, aber du verstehst mich, Gott. Unterbewußt speist uns dies Grundwasserwissen: Es ist kein Wort auf meiner Zunge, das du, Gott, nicht schon wüßtest (Ps 139,4). Du kennst mich besser als ich mich selbst.

11. Mai

Beten ist Arbeit, ist Einarbeiten ins Mittun des Werkes Gottes. Beten ist Einüben meiner Wünsche. Vor Gott, mit Gott, in Gott besprechen, was ich erlebe und fühle, und mit Gott abwägen, ob wichtig ist, was ich will, und ob ich zu recht vermisse, was mir fehlt. Überlegen, ob und wie ich helfe, die Zukunft heraufzuführen, überlegen, wie ich den Liebeswillen Gottes in die kleine Münze der Freundlichkeit wechsle.

12. Mai

Das Geschehen, diese endlos erscheinende Abfolge von Kommenden und Gehenden wird münden vor Gott. Das ist eine unsagbar tröstende Zusage: Die Mühen, die Leiden, die Strapazen der Geschichte werden zur Ernte kommen. Es wird nicht enden mit einem großen Knall und danach ewige Ruhe und Nichts. Sondern Gott wird richten die Lebenden und die Toten, wird Heil und Segen, Reich Gottes bauen. Und wir werden sein in Gott. Wir sind nicht wie alte Akten, die in den Reißwolf der Zeit kommen und verwehen. Wir sind mit allen Kreaturen Gottes Geliebte und, wenn Gott ist, ist er mit uns, weil er auf ewig für uns ist. Darum werden wir sein, wie auch immer.

13. Mai

Wie kann ich leben, wenn beides gilt: Ich soll schaffen, als wäre ich allein verantwortlich für Gottes Welt. Und Gott wirkt mein Wollen und Vollbringen. Darum sorge dich nicht! (nach Phil 2,12) Das Leben ist zu komplex für eindimensionale Antworten. Wir müssen beides gelten lassen: Arbeite, als hülfe kein Beten. Und bete, als hülfe kein Arbeiten. Du Mensch haftest für Gott, Gott haftet für dich. Das Leben ist gut. Mach es gut. Gott ist nicht ein Mensch, aber Gott will Mensch werden in dir. Du bist in höchster Gefahr, dein Leben zu vergeuden. Es kann dir nichts geschehen, du bleibst in Gott! Du bist verantwortlich und entlastet. Du bist gerecht und Sünder zugleich. Und wenn wir alles getan haben, was uns aufgegeben war, werden wir dann hoffentlich sagen (Lk 17,16): Was gelang, war Gnade, wir haben nur getan, was wir zu tun schuldig waren.

14. Mai

Der Heilige Geist weht, wo er will. Wir können ihn nicht kommandieren. Wir können ihn aber erwarten, ersehnen, erflehen. Wir können die Bremsklötze von unserer Seele wegräumen und gewahr werden, daß Gottes Odem uns längst schon anhaucht. Darum doch unsere Trauer, unsere Angst, unsere Nervenzusammenbrüche, unser schlechtes Gewissen. Gott hat uns schon in Arbeit. Laß dich durchfluten mit Heiligem Geist, laß dir klaren Wein einschenken. Erkenne dich selbst. Gottes Schöpferkraft bewegt die Gestirne! Alles muß Blüten treiben, wenn es an der Zeit ist! Nur wir Menschen, nur du, Mensch, kannst Gottes Schöpferkraft an dir abblitzen lassen. Aber du kannst auch umkehren und für ein neues Denken dich bereitmachen.

15. Mai

Ich brauche den Geist, der mich zentriert, der mich mit meiner Bestimmung übereins bringt. Ich merk's doch, ich bin nicht festgelegt wie ein Tier auf zwei, drei Zwänge. Ich kann nicht mit Familie und Geldvermehren den Sinn meines Lebens bestreiten. Ich kann nicht an mich, erste Person Einzahl, als den Weltsinn glauben. Ich bin nicht dumm genug, um mit mir zufrieden zu sein. In meinem und deinem Geist klafft ein Loch, und es läßt sich nicht einebnen durch Maloche oder Süchte oder Kurzweil. Auch du hungerst nach heiligem Geist, der dich heil macht mit der Welt, nicht aber gegen den Rest der Welt dich immun macht.

16. Mai

Gottes Geist, der in Jesus von Nazareth war, muß uns durchfluten, uns hineinreißen in seine Lebensbewegung, muß uns anstecken mit der Energie des Glaubens. Er muß in mir ein Feuer der Liebe entzünden gegen meine Trägheit und Müdigkeit und Egozentrik. Er muß mich anschließen an seinen Lebensstrom. Er tut es durch Menschen, die selbst von Jesus angesteckt sind und die sich Jesu Botschaft vom wahren Leben wahr sein lassen: »Sorget nicht, fürchtet nicht, klopfet an!«

Ich weiß nicht, ob man in Gottesdiensten auf solcherart bewegte Menschen stößt. Jedenfalls findet man im Gottesdienst Menschen, die von ihrem Mangel an heiligem Geist wissen, Menschen, die in ihrem Leben Gott entbehren, die hungrig sind nach Christi Geist. Sie müßten sehr persönlich erzählen von den Augenblicken, da in ihre Finsternis die Klarheit einbrach und sie einander zu Brüdern und Schwestern gemacht wurden. Wir müßten erzählen, wie Gut und Böse sich uns blitzartig klärten, Trauer sich uns in Freude verwandelte, Vergebung neuen Anfang schuf.

17. Mai

Wir kommen zum Gottesdienst, ob wir's glauben oder nicht, um heiligen, guten Geist abzuholen. Wir wollen unsere Vertrauenswürdigkeit wieder herstellen lassen. Wir wollen das lebenswichtige Gespräch mit dem Urheber des Lebens wieder aufnehmen. Wir wollen unser Wunschradar eichen lassen und wollen bestärkt werden, daß Gott, der Lebendige im Leben, mich lieb hat und mich braucht. Wir wollen uns zurechtrücken lassen: Wichtiges und Unwichtiges, Gedeih und Verderb, Gut und Böse. Wir wollen nicht untergehen im geistlosen Funktionieren. Wir wollen Gott erleben, indem wir uns als geliebt und gut erleben, als von ihm genannt und gekannt, als Teil des guten Ganzen.

18. Mai

Ostern, Himmelfahrt und Pfingsten zerlegen das eine Auferstehungsereignis in drei Schichten und verteilen es auf verschiedene Tage im Kirchenjahr. Wie aber vom Auferstandenen nicht ohne den Gekreuzigten zu reden ist, denn der Gekreuzigte ist auferstanden, so kann ich von der Auferstehung sinnvoll nur sprechen, wenn die Auferstehungskraft zur Sprache kommt. Da es sich Ostern nicht um die Wiederbelebung eines Toten handelt, sondern um Gottes Selbstoffenbarung, hat nicht der Glaube der Jünger und auch mein Glaube Vorrang; also auch nicht die Frage: Was sahen denn die Jünger wirklich? Wichtig ist, daß Christus ihnen erschien und sie losschickte. Diese Setzung Gottes – nur vergleichbar mit der anderen Rettungstat Gottes, dem Auszug aus Ägypten – schafft den Glauben. Die Kraft Gottes, die auferweckte, glaubt in den Jüngern und uns. Wir sind an die ersten Jünger angeschlossen, die auch wenig sahen, aber sich schicken ließen und im Gehen hellsichtig wurden.

19. Mai

Wozu vor allem brauchst du Heiligen Geist? Was ist dein abgestorbener, geistloser Teil, dein Leerlauf, dein an die Wand rennen, wo rastest du aus, wo wiederholst du dich wie eine Schallplatte, die die Nadel immer in derselben Rille kreisen läßt? Du kannst dich nicht leiden? Du meinst, du wärest kein Glück wert? Heiliger Geist dir ins Gehirn und Gefühl! Er zündet ein Licht an in deinem Verstand! Er läßt dich erkennen: Du machst dich unleidlich, du setzt dich außer Kraft, du traust dir kein Glücklichmachen zu! Und ab jetzt kämpfst du, dich lieb zu gewinnen! Du hörst auf, Sachen zu tun, bei denen du dich verachtest. Du hörst auf, dir weh zu tun. Du suchst Menschen, die dich brauchen. Du wirst Menschen ein Freund, und du wirst dich nicht wiedererkennen.

20. Mai

Heiligen Geist haben oder sich wünschen, heißt frei werden wollen für das, was wir im Innersten wollen. Heiliger Geist jedenfalls entlarvt die Wunschlosigkeit als Armut (Bonhoeffer). »Gib dich zufrieden und sei stille« ist solch ein Ohrwurm kirchlicher Überlieferung, von dem wir uns trennen sollten. Heiliger Geist schüttelt doch wach, Reich Gottes zu ersehnen und vorzubereiten. »Alles ist möglich dem, der glaubt«, sagte Jesus (Mk 9,23) und bestärkt uns darin, kräftig zu begehren, was wir aus innerstem Herzen wünschen.

21. Mai

»Ich glaube an den heiligen Geist«, glaube, daß er sich verströmt in Lebendiges, daß er konzentriert in diesem Menschen Jesus wirkte und die Menschheit aller Rassen, aller Religionen durchflutet. Der Sinn der Welt ist eingewandert ins Leben, will in Werden und Vergehen sich verkörpern. Darum, wer an den heiligen Geist glaubt, »der ist gewiß, daß Gottes Geist uns durchweht und befruchtet und in uns Früchte des Geistes treibt: Liebe, Freude, Friedenswillen, Geduld, Freundlichkeit, Güte, Treue, Sanftmut, Selbstbeherrschung« (Gal 5,22). Und das sind keine exotischen Früchte, sondern ist »eigenes Gewächs«. Wir leben von diesen Früchten jeden Tag, wenn sie uns auch unscheinbar vorkommen wie Kartoffeln und Brot.

22. Mai

Im Glauben sind wir frei, keiner kann uns die Ehre nehmen, keiner die Würde, keiner den Sinn stehlen. Aber gleichzeitig sind wir gebunden; aus Liebe gebunden, allem dienstbar zu werden, was uns braucht. An den Heiligen Geist glauben, heißt: Ich glaube mich im Wirkungsfeld des Heiligen Geistes. Wie ich umgehe mit Leid, mit Schuld, mit Geld, mit Zuneigung – darin werde ich umgeschmolzen zum Zeugen für Gottes Gnade. Aber was nützt aller Sonnenaufgang, wenn wir nicht aufstehen, sagt Lichtenberg, und was nützt aller Heiliger Geist, wenn wir uns nicht von ihm anstecken lassen?

23. Mai

Heiliger Geist läßt mich einig werden wollen mit allem! Nicht indem ich unterwerfe oder mich unterwerfe, sondern indem ich mitatme, mitarbeite, gebe, nehme, mitleide, mich mitfreue. Diese Schwingung mit Gott, dem Nächsten, mit mir, eins zu sein mit allem – wie wünsche ich sie mir.

24. Mai

Wenn ich mir dieses Mit-Gott-Schwingen wünsche, wäre das der Abschied von jenem Urtrieb, größer sein zu wollen als andere, interessanter, schöner, wichtiger, witziger. In Schwingung mit Gott, dem Ganzen, zu sein, gebietet nicht, mich klein zu machen und geduckt zu leben. In der Bach-Kantate: »Auf, schmetternde Töne der muntern Trompeten« heißt ein Satz: »Dort blühet manche schöne Blume und will ihr Wachstum zeigen.« – Ich soll mich zeigen, soll zwischen Verzicht und Behauptung die richtige, die humane, die Jesus-Mitte suchen, mich verteidigen und mich hingeben, mich besinnen und um mich schauen, klug und ohne Falsch (Mt 10,16). Ja, ich darf mitleben, mitwachsen, aber ich muß mich losreißen von der Illusion, die Welt sei für mich allein erfunden, mir allein zum Nutzen.

25. Mai

Größer zu sein als andere, ist der eine alte Wunsch des Menschen: Turmbau zu Babel, privat und im großen, heute bis in den Wahnsinn betrieben, der Wohlstand frißt seinen Kindern die Zukunft weg. Unser Sicherheitsirrsinn läßt uns Bomben produzieren, die uns die Angst und der dritten Welt den Hunger machen. Größer als andere sein wollen – nicht mehr die einigende Sprache sprechen – Turmbau zu Babel. Die Gegengeschichte dazu ist Pfingsten.

26. Mai

Pfingsten – Menschen in einem Haus an einem Tisch. Heiliger Geist ergießt sich in ihre Herzen, durch ihre Sinne knüpft Gott ein Band; sie werden durchlässig für den Glauben, die Liebe, die Hoffnung Jesu Christi. Und sie entdecken, wie Eichendorff es sagt: »Schläft ein Lied in allen Dingen, die da träumen fort und fort, und die Welt hebt an zu klingen, triffst du nur das Zauberwort.« Heiliger Geist bringt ins Schwingen zueinander, daß Gottvertrauen und Nächstenliebe uns ins richtige Verhältnis kommen. Selbst die Ökumene und die UNO und die Menschenrechte sind späte Früchte des heiligen Geistes, auch wenn sie noch lange nicht ausgereift.

27. Mai

»Oh komm, Gott, Schöpfer, Heiliger Geist«, ist ein alter Gebetsschrei der Christen. Ja, wir müssen ihn uns herbeiwünschen, müssen nach ihm dürsten wie die Wüste nach Wasser. Noch sind wir ja nicht bis in die Wünsche zerstört, noch ahnen wir, doch zur Freude fähig zu sein, noch können wir uns vorstellen, ganz anders zu werden. Noch haben wir Sinne für Heiligen Geist. Überleg, wann du zuletzt glückselig warst. Du weißt es vielleicht nicht mehr, aber der Geschmack ist noch da. Einigsein mit Gott und der Welt, übereinstimmen in Gewissen und Wollen, Dürfen und Sollen, einig mit mir selbst sein und mindestens einem anderen! Wir redeten aus dem Herzen, wir fühlten uns geborgen, wir waren geliebt. – Da war Heiliger Geist. – Wir erinnern uns, und das macht uns Hunger nach mehr. So laßt uns schreien: Gott, gib mir deinen Geist! Ja, schrei um dein Leben!

28. Mai

Vom Heiligen Geist kann man gar nicht groß genug denken. Alle guten Gedanken, alle Weisheit und Erkenntnis gehen auf sein Konto. Und die großen Kunstwerke, Gemälde, Bauwerke, Gedichte, die Musik, die Leistung der Ingenieure auch. Viele Begnadete hörten in ihrer Sprache die großen Taten Gottes reden. Alles Erforschen der Natur ist Finden der Machart der Schöpfungstaten Gottes. Auch alles Entwickeln menschenfreundlicher Gesellschaftsformen ist Umsetzen von Heiligem Geist in die Menschengemeinschaft. Aller Kampf um weniger Ungerechtigkeit ist angetrieben von Gottes Energie. Und auch, daß wir unzufrieden sind mit unserem Quantum an Heiligem Geist ist schon Frucht desselben.

29. Mai

Natürlich sind wir noch nicht christuserfüllt, wir sind viel Natur und Trieb. Hinzu kommt die Schwerkraft des Bestehenden; die Zwänge, zurecht zu kommen, drücken uns nieder und machen hart. Wir werden angesteckt von einer bestimmten Profit-Mentalität: gut ist, was Geld bringt. Gelenkig und gerissen, so muß man sein, wenn man es zu etwas bringen will, sagt man. Und die Gewohnheit, die Gleise der Erziehung... – Manch einer inszeniert sein Leben lang die Tragödien seiner frühen Kindheit und will nicht umlernen (Alice Miller). Und die Angst zu verlieren, verloren zu gehen. Darum unser Klammern an irgendwen. Und die Angst, etwas falsch zu machen, und darum lieber sich zurückhalten. Und doch: die Sehnsucht, daß noch Großes aus uns wird, brennt. Nicht Karriere und Lottogewinn suchen wir, sondern Freude und Liebe. Diese Sehnsucht ist der Christus in uns, Gottes heiliger Geist. Er rüttelt an dir und mir, läßt uns nicht wunschlos unglücklich bleiben. Er ist in mir als der Wunsch zum intensiveren Leben.

30. Mai

Wenn Menschen mich behandelten, als wäre ich nur ein Ding, wenn sie mir wehtaten und mich verächtlich machten, dann rettete mich Heiliger Geist. Diese Flaumfeder Gewißheit: Meine Ehre ist bei Gott garantiert, gab mir Selbstachtung und den Mut zum Durchhalten. Was steht heute an, jetzt? Welchen Konflikt scheue ich schon viel zu lange? Wer leidet in meiner Nähe und ich habe weggeguckt?

31. Mai

Herr allen Lebens!

Ich danke dir für christliche Gemeinde, für Menschen, mit denen ich nachdenken, singen, beten und hoffen kann. Ich danke dir für die zurückliegende Woche, für 168 Stunden vielfältiges Tun und Lassen, Nehmen und Geben, Wachen und Schlafen, Arbeiten und Feiern, Mühen und Erholen, Streiten und Versöhnen.

Ich bitte um Vergebung für alle Ungeduld und Nachlässigkeit, für geistlose Leere, die wir einander antaten. Ich bitte um eine neue Woche Zeit, Zeit zu wachsen und Frucht zu bringen.

»Mach in mir deinem Geiste Raum, daß ich dir werd ein guter Baum, den deine Kräfte treiben. Verleihe, daß zu deinem Ruhm ich deines Gartens schöne Blum und Pflanze möge bleiben.«

Juni

1. Juni

Wir sind Bürger einer sichtbaren und einer unsichtbaren Welt. Wir tragen sozusagen zwei Pässe mit uns: Der eine kennzeichnet mich als Erdenbürger. Ich bin Vater oder Mutter, Tochter oder Sohn, Staatsbürger und Verkehrsteilnehmer, bin Verbraucher, ein sterblicher Mensch. Und der andere Paß, der Taufpaß sozusagen, kennzeichnet mich als Kind Gottes, Bruder oder Schwester Jesu, Geistträger, begabt mit Vertrauen, Hoffnung und Liebe, Teilnehmer einer heiligen Geschichte, die Gott mit uns betreibt, mit uns Lebenden und denen, die schon starben, und denen, die noch geboren werden sollen. Wie aber leben als Bürger zweier Reiche? Nicht hintereinander, erst auf Erden, dann im Himmel – sondern jetzt, hier leben als Kinder Gottes staatsbürgerlich, geschäftlich, mitmenschlich. Das macht wohl die Würde unseres Menschseins aus: dies zweifach Gepoltsein, auf Macht und Liebe, Ordnung und Freiheit und die zweifache Bürgerschaft in Staat bzw. Gesellschaft und im Reich Gottes. Der Treffpunkt beider Reiche ist der Mensch. Du und ich sind Schauplatz von Endlichem und Unendlichem, Irdischem und Göttlichem. Also nicht: Gott gehört der Himmel und den Menschen die Erde. Nicht: Gott gehört das Jenseits und uns das Diesseits. Sondern: Gott bereitet mitten auf der Erde den Himmel, mitten im Diesseits ist er jenseitig. Und wir: auf der Erde gehören wir nicht der Erde, sondern ihm, dem Geheimnis der Welt. Wir leben im Endlichen, aber sind fürs Unendliche gemacht. Nichts Gültiges ist schon endgültig. Noch leben wir im Vorletzten, im Vorläufigen. Aber das Reich Gottes ist mitten unter uns im Anbruch.

2. Juni

Oft haben wir das Gefühl, unser Lebensfaden werde von einer anonymen Nadel eifrig hin und her gezogen. Daher der Wunsch nach Heimat, auch der Wunsch nach Grundbesitz, von dem man sagen kann: Das ist mein. Daher auch der Wunsch, sich einen Namen zu machen, eben damit diese anonyme Nadel des Lebens uns nicht hin und her schleift. Der Faden saust durch den Stoff, wenn man ihm keinen Kopf, keinen Knoten macht. Die Taufe ist so ein Kopf, ein Knoten für meinen Lebensfaden: Ich bin festgehalten im Lebensgrund. Ich bin verschweißt mit Gott. Ich bin in Gott eingetaucht. Ich gehöre ihm. Ob ich dann noch Grundbesitz gewinne oder mir einen Namen mache mit Erfolg, bringt keine neue Qualität. – Erstaunlich, warum ich trotzdem so vernarrt bin in Erfolg und Besitz.

3. Juni

Die christliche Wahrheit ist kein Kristall, den ich aus der Tasche ziehen kann nach Belieben. Die Wahrheit Gottes ist wie eine Flüssigkeit, in die ich eingetaucht werde. Ich finde nicht Gott, sondern ich finde mich in Gott vor. Ich erkenne mich als eingespannt in den dreifältig einen Gott, Schöpfer, Erlöser und Versöhner, der war und der da ist und der da kommt, der mit mir auf dem Weg ist aus der Vergangenheit durch die Gegenwart in seine Zukunft. Auch erlebe ich mich selbst dreifältig: Zwischen Gut und Böse ist meine Entscheidung gefragt. Zwischen Geboren und Sterben bleibt meine Frist. Ich, Körper, Seele, Geist bin eingespannt ins Dreieck des Lebens: du sollst Gott lieben von ganzem Herzen und deinen Nächsten (wie) und dich selbst. (Lk 10,27)

4. Juni

Wir, die wir schon älter sind, haben uns viel Verfügungsmacht angeeignet. Viel Einfluß und Ehre und Geld haben wir Gott entwidmet. Es scheint so, als wäre Gott nur noch in Notfällen nötig, das Alltägliche regelten wir schon selber. – Dagegen steht Christi Wort: »Mir gehört alle Gewalt.« (Mt 28,18) Eigentlich wissen wir es sehr genau. Wir hätten keine Macht, wenn sie uns nicht anvertraut wäre von Gott. – Und doch, gegen dieses Wissen unterwerfen wir soviel Macht der eigenen Lust und Neigung. Dennoch: wir bleiben unter dem Auftrag, als Gottes Haushalter die Gaben zu nutzen.

5. Juni

Auch du hast mehr Glück erfahren, als daß du es dankbar ausschöpftest. Vielleicht hindert dich schlechtes Gewissen am Glücklichsein, eine falsche religiöse Erziehung, die das Leid preist und den Verzicht zuvorkommend leistet. Da ist im Christentum viel Unglück angerichtet worden: Selbstlos soll der Mensch sein, von Lust los soll er sein, stumm sich ins Leid schicken. Aber das ist mehr Buddhas Lehre als Jesu Evangelium. Jesus hat Leid nicht gesucht. Seine Passion war nicht Passivität, sondern aktive Leidenschaft der Liebe. Aber eben – er konnte Leid, unvermeidliches Leid, tragen und veränderte so die Bedingungen. Dies: »Herr, schicke, was du willt, ein Liebes oder Leides, ich bin vergnügt, daß beides aus deinen Händen quillt« – ist als innigste unaussprechliche Gewißheit wunderbar, aber wird falsch, wenn es zum Goldenen Wort verkommt. Es fördert eine Leidensseligkeit, die zur Bigotterie verleitet, ähnlich wie das unsägliche Wort aus dem Hebräerbrief 12,6: »Wen Gott liebt, den züchtigt er.« Das ist nicht Jesu Wort. Jesus heilte und vergab und entlastete nach Kräften vom Unglück und stellte irdisches Glück in Aussicht. Nicht nur, aber auch irdisches Glück! Glückselig die Sanften, sie werden letztlich die Erde besitzen. Glückselig die Barmherzigen, sie werden Barmherzigkeit erlangen. Glückselig, die Leid tragen, denn sie sollen getröstet, gestärkt werden (Mt 5,3–8). Jesus verheißt Glück und Segen. Aber alles hat seinen Preis, und ich bin verantwortlich, nicht zu fliehen, sondern standzuhalten.

Letztlich bin ich Bürger eines Reiches,
»da Fried und Freude lacht«.

6. Juni

Vielleicht hat ja Dostojewski doch recht: »Der Mensch ist unglücklich, weil er nicht weiß, daß er glücklich ist.« – Darum will ich Jesus mehr gehorchen, ihm mehr glauben als mir selbst, daß ich glücksfähig bin mir und anderen zugut jetzt leben darf. Dann stellt sich von selbst manchmal doch das große Gefühl ein, so leben zu wollen, wie ich lebe. Aber noch haben wir den Schatz nur in irdenen Gefäßen (2 Kor 4,7):

Glück in Scherben. Wir müssen uns oft bücken,
um glücklich zu werden.

7. Juni

Mein Konfirmator sagte: Gott ist das Kraftwerk, Jesus Christus die Leitung, der Heilige Geist der Strom und wir die Lichter, die leuchten sollen. Immerhin ein brauchbares Bild für dies Verhältnis: Gott schafft das Lebendige, das in mir sprüht, je mehr ich Jesus nach-denke, fühle, handle.

8. Juni

Du bist eingefädelt ins Liebesnetz, du bist schon hineingetauft in den Leib Christi, bist Rebe am Weinstock, zum Fruchtbringen bestimmt. Einem zumindest werde heute Lichtblick, Atem, Speise, Trank.

9. Juni

Welche Umwege, Holzwege, Irrwege, welche Höllenwege wir auch nehmen – endlich nimmt Gott uns auf. In seinen Armen enden wir alle. Wie gottlos wir auch leben, läßt Gott uns doch nicht los. Und reitet uns der Teufel – er muß uns heimbringen zu Gott. – Das hat uns Jesus versprochen, nicht als Freibrief, jetzt »auf Teufel komm raus« das Leben auszupressen; eher als Entdeckung, daß wir die Qualen als Heimsuchungen verstehen. Sieh mal mit vom Glauben gewaschenen Augen dein Elend. Galoppier nicht weiter auf falschem Weg.

10. Juni

Ein Talent der Christen ist das Wissen, daß wir in Freiheit zusammen gehören. Für alles gibt es Spezialisten. Die Zerteilung der Welt und der Verantwortung haben wir im höchsten Grade organisiert. Aber Christen müßten Spezialisten sein für Zusammengehörigkeit; Christen müssen die auseinanderstrebenden Wissenschaften, Interessen, Verantwortungen und Vorlieben wieder verbinden. Gleichst du aus, verknüpfst, übersetzt du? Bist du mit Menschen im Gespräch, suchst du zu vermitteln zwischen den Fronten? Selig die Friedensstifter! (Mt 5,9) Bist du gemeint?

11. Juni

Deine Talente sind Gaben Gottes. Also wage mit deiner Kraft, das Deine zu tun, und wenn du alle Energie ausgegeben hast und kommst einst mit leeren Händen, dann wird Gott dich umarmen wie den verlorenen Sohn. Aber hebe nicht deine Talente auf, vergrabe sie nicht, denn deine Fähigkeiten zu lieben, zu versöhnen, zu vertrauen, auch deine Fähigkeiten zu reden und zu schweigen und zuzuhören, deine Fähigkeiten, sorgfältig zu sein und treu – alle deine Fähigkeiten sind Gottes Kapital, das er dir anvertraut hat, damit du für dich und andere Lebensmittel besorgst. Rechte nicht über die Größe deiner Talente. Vergleiche nicht! Dir ist genug anvertraut, um dein ganzes Leben lang zu tun zu haben.

12. Juni

An Jesus fällt auf, wie er seinen Mitmenschen Raum schafft. Er traut uns Liebesfähigkeit zu. Ihr, die ihr doch arg seid, könnt euren Kindern gute Gaben geben. (Mt 7,11) Er setzt sich an einen Tisch zu Menschen mit schlechtem Ruf. Um eines Leidenden willen umgeht er geheiligte Ordnung und riskiert, von den theologischen Rechtswaltern seinerzeit ein Gotteslästerer genannt zu werden. Jesus ging zu Menschen, die in einem Gehege aus Gesetzen und Verpflichtungen lebten, und öffnete diese Gehege mit seinem: Ich aber sage euch: Liebe, und du wirst den Sinn der Gesetze tun, selbst wenn ihr sie gar nicht kennt. Damit öffnet Jesus Leben als weiten Raum, in dem Armut und Reichtum, Gesundheit und Krankheit, Barmherzigkeit und Bosheit getragen werden können; Raum, in dem Veränderung möglich wird bei mir und dir. Du wirst zu einem, der die Last des andern mitträgt.

13. Juni

Jesus hilft, Leben zu erfahren unter der Herrschaft Gottes, die er vergleicht mit der Einladung zu einem großen Festmahl. Und immer ist noch Raum da. (Lk 14,22) Es ist unsere Sache, jetzt die Wirklichkeit als weiten Raum in Gebrauch zu nehmen. Noch ist längst nicht alles gelaufen. Die Zerstörung der Natur, die Friedlosigkeit sind nicht schon das letzte Wort. Das Katastrophengeflecht, in dem wir leben, ist noch zu retten und zu heilen. »Du stellst meine Füße auf weiten Raum.« (Ps 31,9) Dieser Freiraum ist nicht für Jux und Tollerei gemacht, sondern für Verantwortung und Fürsorge zugunsten des Lebens.

14. Juni

Jesus ist keine zweite Gottheit neben Gott, sondern der eine Gott, der Himmel und Erde gemacht hat, der das Geheimnis der Welt ist, hat Jesu Gesicht. Natürlich hat Gott kein Gesicht, er ist Gesicht. Gott hat keine Augen, er ist Auge. Gott hat keine Ohren, er ist Ohr. Er ist das Hören. Aber wenn wir im Bild bleiben: Jesus ist Gesicht Gottes, dann meint dies: Gott ist so, wie es Jesus gesagt und gezeigt hat; Gott ist, wie er sich an Jesus mächtig erwiesen hat. Jesus hat Gott buchstabiert als Vater und Mutter des Lebendigen. Und Jesus nach können wir, wenn es gnädig mit uns zugeht, auch unser Leben buchstabieren als gnädig geführt.

15. Juni

Jesus hält nicht mehr Gehorchen für die höchste Tugend, sondern daß wir zugeneigt leben, daß wir verstehen, warum einer so handelt, daß wir Freundlichkeit gewähren und wahrnehmen. Nicht mehr Gehorsam gegen Gesetze ist verlangt, sondern Jesus überbringt die Einladung, immerwährend das Gute zu vermehren und das Lebensfeindliche einzudämmen. Dies ist zu übersetzen in deine Maßstäbe, auf die du dir soviel zugute hältst. – Du wirst einiges aussortieren müssen und dürfen.

16. Juni

Jesus ruft die Hoffnung aus auf Neues, Erstmaliges. Wirkliche Zukunft steht bevor, nicht Verlängerung der Vergangenheit, sondern nie Gehörtes, nie Geahntes, nie Gekonntes. Neue Verbindungen werden gelingen, versöhnte Gemeinschaft, Menschen, die teilen und Lust daran haben – es wird sie geben. Jesus lebt vor und erlebt, daß uns nicht die ewige Wiederkehr des Gleichen bevorsteht, nicht ein Wiederkäuen vergangener Sattheit, sondern heilende Einfälle. Die Unruhe, mit Leid und Zerstörung sich nicht abzufinden und wieder und immer noch einmal zu suchen nach der rettenden chemischen Verbindung gegen Kinderlähmung, gegen Tuberkulose, gegen Krebs – das ist gelebter Glaube. Diese Leidenschaft traut Gott eine bessere Wirklichkeit zu als die vorhandene. Die stärksten heilenden Kräfte stecken aber nicht in Chemie und Physik, sondern in unserer Hingabefähigkeit für eine geschwisterliche Welt.

17. Juni

Zur Wüste mißriete das Leben, wenn wir einander nicht trauen könnten. Ich muß vom anderen Gutes erwarten, wenn ich mich mit ihm näher einlassen will. Das kann ich aber nicht vorher feststellen. Soll also Gemeinschaft entstehen, braucht sie den Produktionskredit Vertrauen. Das Wort Kredit kommt aus dem Lateinischen und meint Glaube. Ich muß den Vorschuß an Vertrauen wagen, wenn ich Vertrauen gewinnen will. Ich muß dem anderen Sympathie unter die Flügel geben, damit er seine Sympathie entfalten kann. Wer braucht in deiner Nähe eine neue Chance, wen bittest du um neuen Kredit?

18. Juni

Lenin soll gesagt haben: Vertrauen ist gut, Kontrolle ist besser. Vielleicht hast du diesen Satz auch schon triumphierend gesagt. Er ist zynisch und Menschen nicht angemessen. Wir können Sachen kontrollieren, z. B. ob ein Fahrrad noch genügend Luft hat oder ob die Kasse stimmt. Aber menschliche Beziehungen entziehen sich der Kontrolle, weil gerade Kontrolle das Wichtigste an den Beziehungen, das Vertrauen, zerstören würde. Kannst du dir vorstellen, einen, den du liebst, aufzufordern: »Beweis mir, daß du mich lieb hast!«? Was sollte er tun? Dich küssen? Aber ein Kuß ist kein Beweis. Ein Kuß ist ein Symbol, ein Zeichen. Du mußt es als Zeichen für Zuneigung nehmen. Das macht den Kuß zum Zeichen für Liebe. Menschliche Beziehungen entziehen sich der Kontrolle, wir müssen einander vertrauen. Darum auch ist dieses kostbare Gut so besonders gefährdet.

19. Juni

Wenn Jesus uns Mut macht zum Vertrauen, dann nicht so, daß er uns den andern als gut und edel anpreist. Im Gegenteil: der andere ist wie du schwach und wankelmütig. Aber gerade darum braucht er doch Vertrauen. Er braucht es wie eine Nahrung. Und gerade der, der dir nicht freundschaftlich verbunden ist, gerade der braucht doch deinen Vorschuß an Vertrauen. Gerade der braucht Kredit, der ihn nicht zurückzahlen kann. Liebet eure Feinde! (Lk 6,35) Das meint in letzter Zuspitzung: Gebt Zuneigung denen, die sie am meisten brauchen – die nicht gut und nicht freundlich sind, sondern schwierig. Wie soll denn unsere seelische Friedlosigkeit anders geheilt werden? Sie ist nicht herausoperierbar wie eine Gewehrkugel. Wir müssen diese seelische Friedlosigkeit einander tragen helfen, sie eindämmen, müssen Verwandlung anbahnen. Wir müssen Gott sein kommendes Reich zutrauen.

20. Juni

»Die Liebe hört nicht auf«. (1 Kor 13,8) Aber unser Langmut hat Grenzen, unsere Freundlichkeit sortiert, unsere Liebe kämpft manchmal mit harten Bandagen, nimmt gefangen, bläht sich auf und fordert Dank. Unsere Liebesversuche haben noch herrische Allüren. Unsere Liebe suchet auch das Eigene, läßt sich erbittern, rechnet das Böse zu, verträgt nicht alles, glaubt dem andern noch lange nicht alles, hofft manchmal gar nicht mehr und duldet wenig. Die Liebe, die nicht aufhört, ist also nicht die Liebe, die wir geben – sie ist kleingehalten durch Wut oder Ehrsucht oder Menschenscheu. Pflichten zerren an uns, wir werden müde und gereizt, haben Angst, zu kurz zu kommen. Die Liebe, die wir einander geben, endet täglich mehrere Male. Und Paulus wagt zu sagen: »Die Liebe höret nie auf.« Dann muß es außer unseren kleinen Lieben eine große Liebe geben, neben unseren Rinnsalen ein Meer, neben unseren Lichtern eine Sonne der Liebe. Genau das wagen die Christen zu glauben: Ein liebender Wille ist es, der die Welt schafft. Selbst, wenn die Welt vergeht, bleibt der liebende Wille. Das ist alles so schwer zu sagen, weil die Dimensionen so gigantisch sind. Ein Blinder kann nicht von Farben reden, ein Taubstummer nicht von einem Gedicht. Und wir mit unserem begrenzten, armseligen Willen können von dem weltumspannenden Liebeswillen nur stammeln. Aber wenn wir schwiegen, dann zerfiele uns die Welt in lauter einzelne Schicksale, die Liebe in lauter Versuche, das Leben in Milliarden Atome. Darum laßt uns lieber stammeln von der Liebe, die nicht aufhört, von einem liebenden Willen, der Schicksal und Sinn der Welt ist.

21. Juni

Wie haben wohl Hirten ihre Flöten erfunden? Kann es nicht sein, einer pfiff so schön, daß er sagte: »Es muß doch noch schöner möglich sein!« Und dann hat er überlegt, wie könnte er seinen Mund so spitzen, daß er noch mehr Möglichkeiten hat und hat sich ein Rohr genommen als Verlängerung seines Mundes. Wie wäre es denn, wenn Gott die Menschen erfunden hätte als Verlängerung seiner Fähigkeiten. Menschen, in denen also Gott seine Weise ausspielt. Das wäre die Umkehrung: Nicht wir Menschen träumen uns einen starken Gott, daß wir immer Kinder bleiben und in aller Not ihn zur Hilfe rufen können, sondern Gott ruft uns zu Hilfe. Gott ruft uns, daß wir seine Qualitäten untereinander ausfalten. Das wäre der Abschied vom Säuglingsglauben zum Sohn- und Tochterglauben. Dann wären wir Söhne und Töchter Gottes, berufen, sein Werk mit zu tun.

22. Juni

Wohl wahr, wir können lieben – nicht jeder jeden, aber doch manchen. Und in unseren besten Stunden ahnen wir, was von uns bleibt, wenn unsere Leistungen zerbröckeln, unsere Siege überholt sind. Wenn ich mit Menschen- und mit Engelszungen redete und hätte keine Liebe, dann wären die Reden vielleicht profitabler, aber sinnlos. Wenn ich alle

Erkenntnis hätte, aber ohne Liebe, so wäre ich nichts. Ich hätte Macht, aber sie verhinderte, was ich in Wahrheit suche: geliebt zu werden (nach 1 Kor 13). Was bleibt, auch in Erinnnerung bleibt, ist liebend Gelungenes.

23. Juni

Du bist geliebt, auch wenn du dir mies vorkommst. Und: du bist gut, auch wenn ich dich schlecht behandle. Nimm doch nicht mich zum Maßstab für dein Geliebtsein. Bin ich denn Gott? Wir sind doch nur Splitter. Wenn Liebe gelingt – gut. Aber wir haben keinen Himmel zu bieten. Nur Rast auf dem Weg. Wir machten uns ja selbst zu Göttern, wenn wir voneinander alles erwarten; dem andern die zerbrochenen Scherben meines Ichs in den Schoß schütten und sagen: mach mich ganz, überfordert nur.

24. Juni

Kindheit scheint eine Lebensphase zu sein, die schnell hinter sich gebracht sein soll. Wie ungeduldig wir Eltern den Nachwuchs drängen, endlich vernünftig zu werden, wie wir es kaum abwarten können mit der Einschulung, wie wir ihnen Beine machen, doch endlich etwas zu lernen, wie wir ihnen das Spielen austreiben und das Trödeln vergällen, wie wir unsere Kinder hartnäckig zur Ordnung rufen und früh anleiten, Geld zu erarbeiten – das stellt unsere Meinung über Kinder bloß. Kindsein scheint ein notwendiges Übel zu sein, um ein richtiger Mensch erst zu werden. Aber das ist falsch, ganz falsch. Und du weißt es.

25. Juni

Ins Reich Gottes, ins jetzt beginnende gute, ewige Leben kannst du nur finden, wenn du zu kindlichem, nicht kindischem Glauben findest. Wieder als Kind Gottes leben lernen, als Bruder und Schwester deinem Nächsten und die eingehetzte, eintrainierte Rücksichtslosigkeit verlernen: das täte gut. Wir sind noch nicht zu alt, um noch umkehren zu können. Wir sind noch nicht fertig. Sind noch zum Werden bestimmt.

26. Juni

Kann das sein, daß die kleinen Kinder noch in Gottes Liebe eingehüllt leben, während wir Erwachsenen, auf eigenen Füßen stehend, unsere eigenen Reiche bauen und weiter weg treiben von dem Ziel, glücklich und ganz zu werden? Sicher ist die frühe Kindheit das ähnlichste Bild für das Reich Gottes, das wir haben. Jenseits noch von Gut und Böse; den Tod, die wegreißende Zeit nicht kennend, den Zwiespalt von Mann und Frau nicht erfahren haben – das war schön. Aber wir dürfen nicht Kleinkinder bleiben! Wir werden aus dem Kindheitsparadies vertrieben! Müssen wachsen, Verantwortung übernehmen, schuldig werden, Ich werden und sterben. Und doch – Reich Gottes ist etwas, »das allen in die Kindheit scheint, und worin noch keiner war: Heimat!« (nach Ernst Bloch) Den Kindern ist etwas eigen, was wir wieder neu lernen müssen, wenn wir den Vorschein des Reiches Gottes jetzt erleben wollen – arglos souverän nehmen und geben; dankbar, enthusiastisch leben, »kindlich-unüberwindlich« (Goethe). – Das wär's.

27. Juni

Unsere ersten Gotteserfahrungen stammen von den Müttern. »Die Mütter als Schicksal« – ein besonderes Kapitel im Menschenbuch. Väter als Schicksal – ein anderes. Wie sie manchem Kind Gott garstig machten und das Vaterunser-Gebet vergiftet bleibt, weil sich die herrische Vaterfigur zeitlebens vor Gott schiebt. Es sei denn, der Bruder hilft. Menschen, die dir geschwisterlich beistehen, tun dir auch den Himmel wieder auf. Du kannst wieder Anschluß finden an die ursprünglichen Bilder von Gott auf dem Grund deiner Seele.

28. Juni

Das Wort »Glück« kommt in der Bibel selten vor. Aber die Essenzen von Glück sind reichlich vorhanden: Freude, Friede, Liebe, Vertrauen, Dankbarkeit, Hoffnung, Vergebung, Gesättigtwerden. »Ich will dich segnen, und du sollst ein Segen sein« (1 Ms 12,2) – dieses Wort an Abraham ist doch ein funkelndes Glückswort. Und das Evangelium, zu deutsch »frohe Botschaft«, ist eine Glücksmeldung: Uns Unglücklichen, die wir daran leiden, daß wir nicht sind, wie wir sein wollen, uns wird Gnade zugesprochen. Wir sind zum Glücklichwerden und Glücklichmachen bestimmt. Wir bekommen Mut in die Seele, daß wir ja sagen zum Leben und zur Freude fähig werden. Begehr kräftig, was dir in Verbundenheit mit andern zum Glück dient!

29. Juni

Finden ist uns verheißen, aber die Mühe des Suchens ist uns aufgegeben. Johann Peter Hebel sagte: »Alle Gelegenheit, glücklich zu werden, hilft nichts, wer den Verstand nicht hat, sie zu benutzen.« Also schul dein Verstehen, will Einsicht in dieses komplizierte Leben. Jesus sagt: »Klopfet an, so wird euch aufgetan.« (Mt 7,7) Nicht: tretet die Tür ein. Aber auch nicht: blinzelt nur von Ferne, sondern: unerschrocken haltet euch hin. Sagt, was ihr braucht, und kommt wieder, immer wieder; Kenntnis muß wachsen. Skepsis ist normal. Gebt denen, von denen ihr Nötiges wollt, die Chance, eure Notlage zu erkennen. Jesus behauptet, das Leben ist so eingerichtet, daß findet, wer sucht: selten das Gewünschte, aber fast immer das Nötige! So ist wohl das Leben.

30. Juni

Herr allen Lebens, du Geheimnis der Welt!
Verborgen und dunkel handelst du mit uns in dem, was geschieht.
Du bist die Quelle aller Energie.
In Werden und Vergehen treibst du dein Werk: Du baust das Reich deiner Liebe.
Verbinden wirst du alles mit dir, und du wirst der Ganze sein.
Aber noch strömt so viel unversöhnt durcheinander.
Jeder baut um sich herum seine kleine Welt, nimmt sich, was er kann, bis ein Stärkerer ihn hindert.
Wir halten nicht Schritt mit deiner Freundlichkeit. Wir sichern lieber, was wir haben, statt vorzubereiten, was wir werden.
In uns willst du deine Liebe leben, mit uns deine Freude teilen, aber wir sehen nur auf unseren Weg und bleiben arm an Herzlichkeit und Freude.
Doch Gott und Herr, häng uns nicht ab, gib uns nicht auf. Öffne von innen unsere Gedanken und Sinne.
Schließe uns an an deinen Lebensstrom, weite unser enges Weltbild, daß wir uns wieder wundern über deine Großzügigkeit und Phantasie.
Gib uns Zeit, zu staunen und zu danken. Lehre uns, den Zusammenhang aller Dinge zu erleben.
Alle, die sich abgesprengt und verlassen vorkommen, öffne zu neuer Freundschaft. Unsere Friedlosigkeit verwandle in Vertrauen. Unser Festhalten in Hingabe, unser Klagen in Dank!

Juli

1. Juli

Erinnerungsfetzen können Rettungsleinen werden: »Lieber Gott, mach mich fromm, daß ich in den Himmel komm« – dies Kindergebet kann ein Wollfaden sein, den ich im Labyrinth aufnehme und mich daran vorwärts taste. Oder die Geschichte vom verlorenen Sohn (Lk 15), der heimläuft und mit Freuden aufgenommen wird. Wir von Gott ausgerückten Kinder müssen nicht steckenbleiben im Sumpf des Privaten, in Beziehungskisten, in verklemmten Gefühlen, wir müssen nicht gefangen bleiben in so vielen Befangenheiten. Nachdem wir die Freiheit verpraßt haben und am Verstand verdorrt sind, können wir noch mal Glauben gewinnen. Ich kann wieder Gemeinde suchen, das Beten lernen, die Bibel schmecken als Sammlung der Worte zum Leben. Ich kann mein Dasein wieder zugehörig sehen zu Gott und höre auf, mich breit zu machen, als sei ich das Ganze.

2. Juli

Ist es Illusion, zu glauben, daß ich angenommen und gemocht werde, daß ich für unsagbar wertvoll geachtet bin, daß ich geliebt und auch mit dem Recht ausgestattet bin, von mir selbst Gutes zu denken? Ist es Illusion? Mich selbst sehend kann ich nicht sagen, daß ich liebenswert wäre. Ich kenne mich zur Genüge. Darum ist es mir wichtig, daß Jesus da war und sein Geist uns heute noch erleuchtet. Dieser Jesus hat das Leben vermessen, wie es vor Gott real ist. Jesus hat den Wert bestimmt von Menschen. Unter uns gilt ja als wertvoll, wer schön und wichtig und nützlich ist. Angebot und Nachfrage regeln den Wert der Dinge und sogar noch der Menschen, jedenfalls wenn sie als Arbeitskraft in den Blick kommen. Jesus aber schreibt mir und dir einen unermeßlichen Wert zu: Du bist von Gott geliebt, berufen zu seinem Bild, ausgestattet mit Seele von seiner Seele, aufnahmefähig für seinen Geist. Darum bist du wertvoll.

3. Juli

Glauben wir doch Jesus unseren Wert; ohne die Nachricht von Gottes Leidenschaft zum Menschen wär ich nur wert, was ich in anderer Leute Augen bin. Aber Gott zahlt Liebhaberpreise. Du, wir, sind ihm wichtig. Auf mich gesehen könnte ich mir nicht verzeihen, daß ich bin wie ich bin. Und je sensibler einer ist, um so unzufriedener ist er auch mit sich selbst. Es sei denn, er traute sich, Gott zu glauben: Du Mensch bist mein geliebter Mensch. Also nimm deine Selbstachtung aus dem Glauben, daß du gewollt bist, daß dir deine Gaben und Fähigkeiten und Unfähigkeiten gegeben und aufgegeben sind.

4. Juli

Du bist ein Geliebter Gottes. Laß dir das sagen. Und nimm die Liebe, die du erfährst, als Spuren Gottes an, als Geschenke zur Wegzehrung, die dir helfen, dich und andere zu ertragen und zu mögen. Wir sind keine Helden, keine perfekten Macher, keine strahlenden Sieger, du und die andern. Wir sind mit Mängeln behaftet und bleiben viel schuldig. Mit Heißhunger nach Selbsterhaltung und Eigenliebe kamen wir zur Welt. Und schon starten wir mit großem Kredit: Andere wendeten sich mir zu aus freien Stücken, unverdient. Menschen liebten mich. Sie ließen von ihrer Eigenliebe ein Stück los. Sie neigten sich zu mir, gaben mir von sich ab. Diese erste Erfahrung ist unendlich wichtig geworden. Ich sah andere ihre Eigenliebe überschreiten. Also muß doch liebende Verbundenheit möglich sein. Die Angst, ich könnte zu kurz kommen, ist eindämmbar. Liebe kann auch in mir erwachen.
Der Ursprung, Gott, ist nah in jeder freundlichen Geste.

5. Juli

Unser Lieben ist unvollkommen. Täglich schlafen wir über der Liebe ein, und stündlich vertiefen wir uns in alles mögliche jenseits der Liebe. Unser Lieben ist fahrig, momenthaft. Aber in diesen Bruchstücken unseres Liebens tut die Liebe ihr Werk. Unser mattes Liebesfunkeln läßt die Sonne ahnen. Wie in einem beschlagenen Spiegel sehen wir Schemen der Liebe, Gesten der Güte, freundliche Signale, ein Lächeln im Strom der ihre Wege Gehenden, Blitzlichter in der Dunkelheit. Eine Fremde beugt sich über das Kind im Kinderwagen. Ein Hausbesitzer wirft den Ball zurück. Ein Tramper wird mitgenommen. Scheine für »Brot für die Welt«. Ein Kuß, ein Dank, ein freundlicher Blick – und Zuhören, ein Gespräch gelingt. Blut wird gespendet. Ein Mensch entschuldigt sich. Die Witwe wird besucht. Und junge Leute setzen sich an Krankenbetten und reden und streicheln stellvertretend für die Kinder und Enkel, die fortbleiben. Zweckfreies Gutsein, es gelingt, wie dünn gesät auch immer. Und jede liebende Tat beschwört, daß Vollendung glaubbar, erhoffbar ist.

6. Juli

Liebend, geliebt werdend, erahne ich, wie Gott mich meint. Liebend und geliebt werdend, erkenne ich mich als glücksfähig, weil ich beteiligt bin am Glück des andern. Liebend erahne ich, wie durch mich Gott seine Güte, seine Menschenfreundlichkeit betreibt. Und dies Ahnen macht mich gut. Ich lerne mich leiden können, mich Stückwerk, mich Stammler der Liebe. Mich Rinnsal der Liebe lerne ich achten, weil durch mich der Strom der Liebe zieht – von Zeit zu Zeit.

7. Juli

Gott macht sich solche Mühe, uns Liebesenergie einzuhauchen, uns Lehmklößen. Ja, wir sind alle aus Erde, sind aus irdischem Material, und wenn unsere Seele heimkehrt, verfällt das übrige wieder zu Erde. Uns Erdverbundene will Gott aufladen mit seiner Energie, mit Liebe in Freiheit.

8. Juli

Was ist das Wichtigste im Leben? Das wurde Jesus gefragt, und es ist unsere Frage. Wir haben ja genug Gebote und Verbote und Maßregeln und Ratschläge. Aber was ist wirklich wichtig? Jesus antwortete:

»Du sollst Gott, deinen Herrn, lieben von ganzem Herzen, von ganzer Seele und von ganzem Gemüte. Dies ist das vornehmste und größte Gebot. Das andere aber ist ihm gleich: Du sollst deinen Nächsten lieben wie dich selbst.« (Mt 22,37–39) In diesen zwei Geboten hängt der Wille Gottes wie die Tür in den Angeln. Lieben ist das wichtigste. Wenn auf dem Schulhof einer verhauen wird und eine Menge drum herum steht, dann schmerzen die Schläge, aber noch weher tut die Erfahrung: Keiner steht für mich ein. Zu keinem gehören macht Angst und Schuldgefühl. Jesus bestärkt uns in unserem Streben, das Getrenntsein zu überwinden. Wir, einander an der Hand haltend, in Gott, das ist unsere innige Sehnsucht.

9. Juli

Unser Ur-Gebrechen ist, zu meinen, ich sei der Nabel der Welt, die Mitte des Lebens, ich – ich. Aber das Leben, die Schule Gottes, erteilt die Lektionen: Alles hat seinen Preis; ich muß Liebe geben, um auch nehmen zu dürfen. Andere haben ein Recht auf mich mindestens so wie ich auf sie. »Was du dir von andern wünschst, tu ihnen auch«, heißt das bei Jesus. (Mt 7,12)

10. Juli

Ein besonders mächtiges Argument für unseren Egoismus ist in die alte Frage gekleidet: Nächstenliebe ist ja gut, aber wer ist mein Nächster? Wir können unsere Liebe doch nicht allen geben. Und so reservieren wir Nächstenliebe für die Nahestehenden. Die mir am nächsten stehen, die haben das Recht auf meine Zuneigung. Und so schlage ich Kreise um mich als Mittelpunkt. Doch da ist Einspruch: Jesu Geschichte vom barmherzigen Samariter. (Lk 10,25–37) Diese Geschichte, einmal gehört und bedacht, bleibt im Gedächtnis, prägt unser Gewissen. Jesus kippt die Frage um: Nicht wer ist mein Nächster, sondern wer wird Nächster dem in Not. Der ist der Mittelpunkt. Bleib ich an der Peripherie oder rücke ich heran? Wer ist mein Nächster? Der mich als Nächsten braucht.

11. Juli

Die Freude eines Menschen an einem andern – wir haben sie gespürt, spüren sie hoffentlich tagtäglich. Daß dieser Mensch da ist, nicht unbedingt bei mir, sondern daß er überhaupt lebt und dann auch in Verbindung zu mir – diese Freude ist gut. Zähl dir an zwei Händen Menschen auf, die du für ein Glück hältst.

12. Juli

Freunde tragen einander Last mit. Sie lassen sich nicht zweimal bitten. Zögern auch nicht, um Hilfe zu rufen. Freunde bieten kritisches Geleit, aber »mit Fühlern, wieviel Aufrichtigkeit der andere gerade nicht vertragen kann, und also Geduld« (Max Frisch). Freunde sind einem gute Richter, die erfahren haben, wovon sie sprechen, die nicht Recht behalten wollen, die helfen, dem andern sein Gesicht zu wahren. Wir brauchen Menschen, die uns zugeneigt sind, die ihre eigenen Dunkelheiten nicht weglügen, ihre Interessen nicht verbergen. Sie können zur Wahrheit helfen: »Wie sich im Wasser das Angesicht spiegelt, so ein Mensch im Herzen des anderen.« (Spr 27,19)

13. Juli

In einem Anzeigenblatt war zu lesen: »Ich höre Ihnen zu. DM 20,– pro Stunde und die Telefonnummer.« Nicht daß einer zwanzig Mark nimmt fürs Zuhören, schreckt auf. Da nehmen andere mehr Geld. Erschütternd ist, daß viele Mitmenschen dieses Angebot in Anspruch nehmen, weil sie einsam sind. Doch wer einsam ist, läßt andere einsam. Du jedenfalls hast so viel Beziehungskraft noch nicht ausgegeben. Denk nach: wer braucht deinen Anruf, deine Einladung, deinen Besuch? Und was hindert dich? Und jetzt lies noch mal von vorn.

14. Juli

Wo Liebe geschieht, da ist Gott. Und wo keine Liebe ist, da wir Gott ersehnt. Bieten wir unseren kleinen Mut, unsere kleine Liebe an Zeichen der Verbundenheit zu setzen. Nehmen wir Abschied von aller faulen Gläubigkeit. Ja, es gibt einen faulen, stinkenden Glauben einen Unglauben, der Gott die Verantwortung in die Schuhe schiebt für Aufgaben, die er uns übertragen hat. Wie kann Gott den Hunge in der Welt zulassen? Das ist eine solche gemeine Frage von uns, we wir damit unsere Bequemlichkeit, unsere Sattheit noch mit scheinba frommen Argumenten tarnen. »Brich mit den Hungrigen dein Brot die ohne Obdach führe ins Haus«, sagt Gott. (Jes 58,7)

15. Juli

Wir müssen auf die Illusion verzichten, wir könnten ungeschoren schuldlos, leidlos davonkommen. All das voreilige Frieden-haben Wollen ist Schwäche. Christen sind nicht zum Streiten da, aber zum Kämpfen: »Gott haßt den Frieden derer, die zum Kampf bestimm sind«, sagt ein Heiliger, Franz von Sales. Und Jochen Klepper hat gesagt: »Manchmal denkt man, Gott müßte einem in all den Widerständen des Lebens ein sichtbares Zeichen geben, das einem hilft. Abe dies ist eben sein Zeichen, daß er einen durchhalten und es wagen und dulden läßt.«

16. Juli

Tief wurzelt die Skepsis gegen die Lernfähigkeit des Menschen. Deprimierend klingen die Erfahrungen aus den Geschichtsbüchern Schon am Anfang der Bibel steht: »Das Dichten und Trachten de Menschen ist böse von Jugend auf.« Nur: dies niederschmetternd Urteil vom Anfang begründet gerade, daß »Gott nicht aufhören lassen will Saat und Ernte, Frost und Hitze, Sommer und Winter, Tag und Nacht«. (1 Ms 8,21/22) Er schließt mit der Menschheit eine Bund, will sie in Liebe lehren, was gut ist. Haben auch Gesetze un Drohungen mit Strafen noch als Notnagel ihr relatives Recht, so trau uns Jesus doch das Gute aus Einsicht zu. »Seid vollkommen, wie euer himmlischer Vater vollkommen ist.« (Mt 5,48) Die Pharisäer und Schriftgelehrten aller Zeiten wollen den Menschen ein Minimum an sozialer Gerechtigkeit abzwingen durch Androhung von Strafen. Bringen wir die »bessere Gerechtigkeit« zutage, geben wir aus Einsicht mehr als von Gesetz wegen verlangt ist.

17. Juli

Die Meinung anderer Menschen über uns ist dünnes Eis. Da sagt einer: »Du bist mein Freund.« Warum sagt er das? Wünscht er es sich oder bin ich es wirklich? Einer sagt: »Du bist ein Lügner!« Aber bin ich nicht tausendmal mehr und anderes, als er von mir weiß? Gut, ich habe gelogen. Aber – bin ich ein Lügner? Einer sagt: »Du bist ein guter Mensch.« Aber – was weiß er von meinen schlimmen Gedanken? Einer sagt: »Du taugst nichts!« Vielleicht kann er mit mir nur nichts anfangen? Macht die Meinung anderer Leute meinen Wert? Oder – meine eigene Einbildung, macht die mich gut? Alles dünnes Eis! Besser ist, ich weiß und glaube es fest: Er ruft mich bei meinem Namen. Ich bin ihm recht, weil er mich liebt. Dann bin ich nicht abhängig von der Meinung anderer Menschen! Sie können und sollen meine Taten verurteilen oder loben, aber sie können mich nicht klein oder groß machen – es sei denn, ich gebe ihnen die Macht dazu.

18. Juli

Gehetzte lachen nicht. Sie jagen und rechnen. Du halt ein, ruhe aus und feier das Leben mit vielen! Du gehst schon früh genug wieder ins Geschirr. Behalte das: »Gott achtet uns, wenn wir arbeiten, aber Gott liebt uns, wenn wir spielen.« Das jauchzende Lachen von spielenden Kindern – laßt es uns einander doch wieder schenken. Von Zeit zu Zeit wenigstens. Es ist genug, daß jeder Tag seine eigene Plage hat, sagt Jesus (Mt 6,34). Wir machen doch Gott zu einem Götzen, der uns die letzte Leistung abpreßt, wenn wir nicht auch uns Zeit nehmen zum Spielen, zum Vergnügen, zum Genießen, zum Lachen. Gott loben im Lachen – unser Körper weiß mehr davon als unser Gehirn.

Das selbstvergessene Lächeln im Schlaf, in der Sonne, in der Liebesumarmung, das erlöste Lächeln der Frau, die geboren hat. Lachen ist wie ein Kreuzzeichen; es zeigt an: wir sind Kinder Gottes, die sich in guter Hand wissen.

19. Juli

Wenn wir unsere Talente verstehen als von Gott an uns ausgeteilt, dann gehört es zur Logik der Sache, daß sie nicht für unseren privaten Gebrauch gegeben sind. Sonst wäre es ja im höchsten Maße ungerecht, daß einer viele Fähigkeiten hat, der andere wenig. Die Fähigkeiten sind ausgeteilt für gemeinsamen Nutzen. Begabungen sind nicht Verdienst, sondern Gaben. Talente sind wie die alten Silbermünzen im Gleichnis (Mt 25,14ff.) anvertraute Pfunde. – Und wir werden gefragt, werden Rechenschaft geben müssen und dürfen.

20. Juli

Wie sehr wir auf größere Verbundenheit aus sind, beschreibt Dietrich Bonhoeffer in einem seiner Briefe aus der Haft unter Hitler: »Von der vorletzten Bombennacht brauchen wir uns wohl gegenseitig nichts zu erzählen. Ich werde den Blick durch das Zellenfenster auf den grausigen Nachthimmel nicht vergessen. Sehr froh war ich schon, am Morgen durch den Hauptmann zu hören, daß bei Euch alles gut gegangen ist... Es ist merkwürdig, wie einen in solchen Nachtstunden ganz ausschließlich der Gedanke an diejenigen Menschen, ohne die man nicht leben möchte, bewegt und das Eigene völlig zurücktritt oder geradezu ausgelöscht ist. Man spürt dann erst, wie verwoben das eigene Leben mit dem Leben anderer Menschen ist, ja, wie das Zentrum des eigenen Lebens außerhalb seiner selbst liegt, und wie wenig man ein Einzelner ist. Das ›als wär's ein Stück von mir‹ ist schon richtig, und ich habe es bei Todesnachrichten von gefallenen Amtsbrüdern und Schülern oft empfunden. Ich glaube, das ist einfach eine Natursache; das menschliche Leben greift weit über die eigene körperliche Existenz hinaus. Am stärksten empfindet das wahrscheinlich eine Mutter.« Das erleben viele Schwerstkranke, die sagen: »Ja gut, wenn ich sterben muß, für mich ist es nicht schlimm, aber für die, die zurückbleiben.« Da taucht auf, daß wir zusammengehören. Wir haben eine Bindekraft in uns, die gar nicht auszuschöpfen ist und die nach letzter Vereinigung ausgestreckt bleibt.

21. Juli

Alles Gelingen darf ich als Liebesbeweis Gottes verstehen. Den Partner, die Gesundheit, Freunde, Kinder, Kollegen, Urlaub, meine Talente. Wenn aber ein solches Glück uns aus der Hand gewunden wird, dann die leeren Hände wieder ins Leben tauchen und auf Gott setzen, daß er sie neu füllt. Das wäre es!

22. Juli

Jesus hat eine Melodie angestimmt, die Gott und Mensch zum Tanz bringt. Diese Melodie schwingt durch die Zeiten, bricht den eisernen Himmel auf und führt den jenseitigen Gott uns Menschen zu! Unser Alltag bleibt nicht Jammertal für die seelischen und materiellen Habenichtse, auch nicht Spielwiese für die wenigen mit Macht und Meinung. Unser Alltag wird von Jesus mit Verheißung bepflanzt, hier und jetzt bist du und ich Gottes Leidens- und Freudengefährte! Jeder Tag ist Treffpunkt, mit Gott einig zu werden oder ihn zu verfehlen und damit auch sich und den Nächsten.

23. Juli

Der Dekalog, die Zehn Gebote, markieren Gut und Böse. Sie stecken menschlichen Handlungsspielraum ab. Sie sind Leitplanken, die einschränken, aber damit freisetzen: In diesem Revier kannst du dich entfalten, ohne einen Absturz fürchten zu müssen. Bedenk noch mal, wann ein Gebot dir Halt gab vor dem Fall.

24. Juli

Die Gebote Gottes sind nicht Knebelungen, sondern helfen zur Entfaltung! Mit den Realitäten gottvoll, in Richtung Freiheit, in Richtung Frieden umgehen ist ihr Ziel. Die Realitäten dürfen wir annehmen nicht als Fußangeln und Fallgruben, sondern als Lebensmittel und können sie liebevoll und vorteilhaft nutzen. Alles ist uns anvertraut, damit uns darin aufgehe: Du bist geliebt und der andere ist deiner Liebe empfohlen. So geht es in den Geboten nicht um Gehorsamsakte, die ich mit gebeugtem Rücken wider besseres Wissen leiste aus Angst vor Liebesentzug oder Furcht vor dem letzten Gericht.

25. Juli

So sind die Gebote gemeint: Ich bin der Herr, dein Gott. Das kettet dich los von Götzen und Bildern und Idealen. Das stellt dich frei, nach einer Spanne Arbeit Sabbat zu feiern. Das stellt dich frei, die Eltern zu ehren als erste Mitarbeiter Gottes, die uns lebensfähig machen, auch wenn sie uns Sünde mitvererben.

26. Juli

Ich bin der Herr, dein Gott! Du tötest nicht – auch nicht die Natur. Du läßt würdevoll leben – auch Asylsuchende. Du brichst deine Ehe nicht entzwei. Du brichst nicht in andere Ehen ein. Ich, dein Gott, gebe dir genug. Du stiehlst nicht.

27. Juli

Ich bin der Herr, dein Gott. Du redest nicht falsch vom Nächsten. Ich besorge dir Kraft, Begabung, Fleiß, Liebenswürdigkeit. Dir wächst zu, was dir zusteht. Du hast so viel, daß du noch abgeben kannst. Du neidest nicht, du wirst nicht, jedenfalls brauchst du nicht des Nächsten Eigenes begehren. Und wenn dich deine Gier von mit, Gott, wegzieht und von dir selbst, dann gedenke: Du sollst nicht! Die Zehn

Gebote sind zehn Freisprüche, zehn Wegmarken zum Frieden. Oft genug irren wir ab, aber die Richtung, wo gutes Leben gedeiht, bleibt markiert.

28. Juli

Jesus ist nicht ein Held, den ich gut finden muß, sondern ein Fürsprecher, vor dem ich mich als gut vorfinde. Er gibt dem Leben einen neuen Rhythmus, er gibt ein menschliches Wertsystem, und nehme ich das auf, dann bin ich gut, mir und andern. Ich jage nicht mehr Erfolgen nach, raffe nicht mehr Geld und Beifall. »Ich danke Gott und freue mich wie's Kind zur Weihnachtsgabe, daß ich bin, bin! und daß ich dich, schön menschlich Antlitz! habe.« (Matthias Claudius) Dieses Mitschwingen im Lebendigen gelingt dem Jesus nach. Und die Verhärtungen deiner Seele lösen sich im Laufe der Zeit.

29. Juli

»Du stellst meine Füße auf weiten Raum.« (Ps 31,9) Dieses Bild vom weiten Raum ist ein Bild, das eigentlich nach innen zu nehmen ist. Nicht die Expeditionen in unbekannte Länder, nicht Raumgewinn in Quadratmetern berechnet, sondern Leben mit Weite und Tiefe, mit Verstehen und Weisewerden, wo auch Standpunkte in Bewegung kommen, ich nicht versteinere, sondern wachse.

30. Juli

Weite innere Räume stehen dir auf. Du kannst ausschreiten, kannst Gefühle und Meinungen ausprobieren, darfst Geschmack finden an vielem, und du wirst Grenzen aus Einsicht, nicht aus Gehorsam einhalten und setzen. Weiter Raum steht dir zu, in dem Umgang gelingt und Aufgaben locken, Raum, in dem Geleit gewährt wird, nicht kaltes Schweigen oder Cliquenenge. Dieser weite Raum ist eröffnet. Nimm ihn in Gebrauch. Und staun über dich, mach andere stutzig.

31. Juli

Gott, du väterlicher, mütterlicher Lebensgrund.
Herr allen Lebens, ich danke dir,
daß du mich begabt hast,
Früchte zu bringen.
Nichts in deiner schönen Welt
ist nur für sich selber da.
Die Pflanzen und Tiere sind einander
und uns Nahrung.
Wie sollte ich für mich selbst leben wollen.
Herr, ich will Frucht bringen,
Friede, Freude, Freundlichkeit
will ich hervorbringen.
Ich bitte um Vergebung
für alle Trägheit und Ungeduld,
für Gemeinheit und schnelles Urteil!
Ich bitte um Vergebung,
daß ich mich oft nicht traute,
Deine Güte weiterzugeben.
Gib mir noch Zeit!
Ich ahne,
was dir an mir fehlt!
Bleib mir guter Gärtner!
Laß mir deine Hilfe
in den Mitmenschen zuströmen.
Mach mich zum behutsamen
und geduldigen Förderer für andere.
Die Kinder, die Eltern,
die Jungen und Alten –
wir alle brauchen einander als guten Boden.
Ich bitte
um weise Politiker,
Lehrer, die hoffen,
Christen, die glauben,
Mitmenschen, die deine Liebe leben.
Ich bitte um Zeit,
zu wachsen und Frucht zu bringen.

August

1. August

Wie wäre es, wenn du Jesus abnimmst, daß Gott in dir ein Stück seines Lebens leben will? Gott braucht dich, Gott teilt seine Fähigkeiten mit dir. Drücke dich nicht. Dann kannst du leben als ein Christ: absolut furchtlos, immer in Schwierigkeiten, unsagbar glücklich (Martin Luther King).

Man sollte ein Tagebuch führen mit diesen drei Spalten.

2. August

Wenn wir Menschen auf der Straße fragen: Was wollte Jesus? – und könnten die Passanten vom Ernst unserer Frage überzeugen, was würden sie sagen? Wie würdest du antworten auf die Frage: Was wollte, was will Jesus von dir? Ich vermute, auch wenn du keine Zeile aus der Bibel selbst gelesen hättest, weißt du die Richtung. Nur, es macht Mühe, innerstes Wissen auf die Zunge zu bringen, denn vorn auf der Zunge liegen so viele Sprüche und Alltagswörter und Begriffsmüll, Redefetzen aus Werbung und Fortsetzungsfilmen. Wir müssen wirklich ringen um die Worte. »Was will Jesus«, solch eine Frage kommt doch im Alltag nie vor! Darum: auch wenn du die Antwort nicht parat hast, du ahnst sie doch. Sie ist innerstes Treibmittel deiner Seele.

3. August

Manche Fragen bringen uns aus der Fassung. Weil sie so selten gestellt werden, kommt die Antwort wenig geläufig. Aber das zeigt nicht, daß statt Wissen in uns Leere wäre. Manches läßt sich nicht sagen, nur leben, nur tun. Z. B.: »Warum liebst du diesen Menschen?« Oder: »Warum hast du (keine) Kinder?« Oder: »Worin bist du einmal sehr schuldig geworden?« Oder: »Warum lebst du gern?« Auch die Frage »Warum läßt du dich konfirmieren?« bringt keine schlüssigen Antworten. »Weil ich dann ein Mofa bekomme«, ist sicher nicht die Wahrheit. Aber was sollen uns die Kinder antworten, uns, denen Geld und zählbarer Nutzen so viel bedeutet? Wir haben den Kindern doch vorgelebt, daß man seine Frömmigkeit für sich behalten soll. Wir haben ihnen keine Sprache für die Seele mitgegeben. Darum greifen sie zu den Vokabeln, die akzeptiert sind. Ein Mofa leuchtet mehr ein als die Antwort: »Weil ich zu Gott gehören will. Darum laß ich mich konfirmieren.« Aber statt Konfirmation ein Mofa, das will kaum einer.

4. August

Mütter brachten ihre Kinder zu Jesus, daß er sie anrühre (Mt 19,13). Ich weiß nicht, was sie von ihm erhofften. Jedenfalls galt ihnen Jesus als Inbegriff von Glück und Freude. Mit ihm hält die Welt, was Gott versprach. Er macht das Leben gut; nicht leicht, aber gut. Er bürgt für eine verbesserliche Welt. Wenn er spricht, rücken die Dinge an ihren Platz. Auch Leid wird erträglich, weil nicht endgültig. Schuld wird vergebbar, Hunger nach Lebenssinn als stillbar erkannt. Jesus steckt an mit seiner Lust am schönen, schweren Leben. Gott ist nicht weit weg, wo Jesus ist. Das glaubten die Frauen jedenfalls und brachten die Kinder zu Jesus. Fühlst du dich von Jesus angerührt? Bist du einer, der andere zu Jesus bringt? Christliche Gemeinde ist nicht Jesus, aber sie ist nahe dran, erwartet ihn, entbehrt ihn, bittet um sein Kommen, sie übt zu leben in seinem Sinn. In einer Gesellschaft der Interessenverbände und Hobbykurse ist Kirche nah an der Wahrheit. Aber um das zu bemerken, muß man sich ihr nähern, sich als ein Stück Kirche achten lernen!

5. August

Dom Helder Camara, der tapfere Bischof in Brasilien, sagte: »Jesus, laß mich dein Esel werden, auf dem du zu Menschen kommst.« Du möchtest gern andern nützen. Gesteh dir ein, wie gut es dir tat, als einer deinen Rat, deine Hilfe erbat. – Wie oft fühltest du dich übergangen: »Mich haben sie ja nicht gefragt«, dachtest du schon manches Mal. Du weißt von deinen Fähigkeiten, andern gut zu sein. Aber bring diese deine Begabung mehr nebenbei ein, in Nebensätzen; auch wenn du gibst, »laß deine linke Hand nicht wissen, was die rechte tut« (Mt 6,3). Nütze ohne Aufhebens, ohne Dank einzutreiben. Im Bild gesprochen: komm nicht als Mercedes, sondern per Fahrrad, dem Esel von heute.

6. August

Besonnenheit ist die Fähigkeit, zu unterscheiden; mein Glück zu betreiben, indem ich das Glück der andern mitbetreibe. Es ist ja auch das Geheimnis jedes geschäftlichen Erfolges, daß beide von dem Handel Vorteil haben. Besonnen ist wohl der, der alle andern mit im Blick, im Sinn hat. Und nicht nur alle Menschen, sondern auch die Natur und die Geschichte. Der verzichtet aber auch auf Erfolge, die Schaden anrichten und Friedlosigkeit vermehren.

7. August

Elias Canetti hat gesagt: »Ich möchte lieber verachtet werden als gefürchtet sein.« Es könnte ein Wort von Jesus sein. Kannst du es von dir auch sagen? Auf jeden Fall: bau dein furchteinflößendes Gehabe ab, deine herrischen Sätze, dein mit Lob und Tadel Dirigierenwollen. – Konter mal nicht, heute nicht!

8. August

Wie wir aus dem Mutterleib die Erinnerung an Wärme und Zusammensein haben, so haben wir aus dem Gedächtnis der Generationen ein Bild von Jesus mitbekommen, ein Bild des Menschen, wie er von Gott gemeint ist. Zieh dich heute schön an und tu etwas Schönes. Hilf einem aus der Patsche. Sprich noch mal mit dem, den du so gemaßregelt hast, verschenke ein Stück von deiner Güte. Laß eines Menschen Antlitz erstrahlen, und du siehst, wie er von Gott gemeint ist. Und du erlebst deine Vollmacht.

9. August

Es gibt ein dickes Buch mit dem Titel »Who is who«, zu deutsch »Wer ist Wer«. Mehrere tausend prominente Zeitgenossen werden darin beschrieben mit Angabe von Beruf, Alter, Konfession, Hobbies usw. Aber wer sind sie mit all diesen »Zutaten«? Aufzählen kann man nur äußere Kennzeichen. Ihre Vorlieben und Abneigungen, ihre Güte und Bosheit, ihre Siege und Niederlagen bleiben verborgen. Was weiß der neben mir über mich? Ja, was weiß ich selbst? Weiß ich, wer ich bin? Ich kann zufrieden sein, wenn ich heute und morgen einigermaßen mit mir übereinstimme. Und doch passiert es, daß ich jetzt »hü« und gleich darauf »hott« sage. Gut, daß Gott weiß, wer ich bin und werde.

10. August

Erzählen, wenn es in Gang kommt, hilft, daß ich mich gewinne. Nur in Sprache können wir uns denken. Wo ich keine Worte habe, endet mein Denken. Die Gedanken verfertigen sich beim Reden. Ohne Sprache durchbeben uns Gefühle und Empfindungen, Gewitterschauern gleich – das ist auch mal schön. Man braucht nicht für alles Sprache zu finden, muß nicht in der Umarmung noch Gedichte zitieren. Aber – wir sind bedroht vom Unsäglichen. Im Dickicht des Lebens brauchen wir Pfade aus Worten. Worte sind die Brücken über die Abgründe in uns selbst. Worte halten uns zusammen. »Gott liebt dich und Gott braucht dich, darum lebst du!« Das ist solch ein Wort, aus dem die Lebenswurzeln saugen können.

11. August

Menschen, die zuhören, halten am Leben. Wenn der Kranke einen Arzt findet, der zuhören, dem er endlich erzählen kann, dann kann Heilung in Gang kommen. Wenn wir nur erzählten bis hin zur Quelle des Leids, wäre Erlösung schon nahe. Aber Schmerz ist ein fester Staudamm. Er widersteht dem Erzählstrom. Der Damm bricht erst, wenn der Erzählstrom stark genug wird. Gesucht sind Menschen, die

zuhören und mit ihrer Sprache beispringen, diesen Strom zum Strömen bringen. Wenn Leid Sprache gewinnt, wird kein Elend daraus. Wenn ich unter Druck Sprache finde, muß ich nicht explodieren. Ich kann mich verständlich machen und so zum anderen hin gelangen. Ich kann ans Ufer des anderen übersetzen, kann meine Last hinüberbringen, kann Einverständnis erwirken.
Geglückte Worte erklären den Frieden.

12. August

Sprache faßt Gedanken in Worte. Doch haben wir Interesse an den Gedanken des andern? Nur dann kann ja Sprache zur Brücke werden. Sonst produzieren wir Wortspreu, Sprachschrott, nicht wert, gesagt und gehört zu werden. Jesus setzt voraus, daß wir Interesse aneinander haben. Es mag von bösen Erfahrungen verschüttet sein, doch wir, Erfindungen von Gottes Interesse, wir haben einen Abglanz seines Interesses in uns: Wir sind einander nicht gleichgültig. Wir können weiterbetreiben, was von Jesus gesagt ist: »Alles hat er wohl gemacht. Die Tauben macht er hörend und die Sprachlosen redend.« (Mk 7,37)

13. August

Wenn wir uns einander widmen, dann eben aus der Ahnung, daß wir zusammengehören und im andern kein Fremder, kein Feind lauert, sondern ein Verbündeter eines gemeinsamen Glücks. Schweigt neben dir einer beharrlich, so frage dich: »Ist er verstummt, weil ich taub bin oder weil ich ihn mit meiner Stimmgewalt mundtot machte?« Reden ist Aktion, ist Eindringen, Zuhören ist Erleiden, Aufnehmen. Da fängt gerade einer an zu erzählen von seinem Schmerz. Nach drei, vier Sätzen stimme ich schon bei und sage: »Genau wie bei mir!« Und erzähle von meinem Weh. Zuhören heißt: stillehalten, mich beladen lassen, mich hinhalten, daß einer abladen kann. Wenn einer redet, und sei es auch noch so stockend, dann fahre nicht mit Ratschlägen dazwischen und verallgemeinere nicht sein Leiden, sondern laß ihn endlich, endlich zu Wort kommen, zu seinem Wort. Eigentlich braucht er nicht Rat, sondern er braucht Zuhören. Er will gewürdigt werden: »Du bist des Zuhörens wert.« Er will einen finden, der ihn mit seinen Gedanken nicht allein läßt.

14. August

Hören und Reden hängen zusammen. Und wenn die Sprache nicht stimmt, dann ist das, was gesagt wird, nicht das, was gemeint ist. Ist das, was gesagt wird, nicht das, was gemeint ist, so kommen keine guten Werke zustande. (Konfuzius) Recht hören und recht sprechen ist lebenswichtig, es ist ein Akt der Liebe. Das hält Paulus fest. »Und wenn ich mit Menschen- und mit Engelszungen redete und hätte der Liebe nicht, so wäre ich eine klirrende Schelle und nur eine blecherne Glocke.« (1 Kor 13,1) Daß Gott noch immer dabei ist, uns Taube hören und uns Stumme reden, uns Verschlossene singen zu machen, zeigt, es ist noch Hoffnung in der Welt.

15. August

Gott will dich. Er hält viel von dir. Er will in dir ein Stück von seiner Freundlichkeit und Tatkraft verwirklichen. Er sagt zu dir: Fürchte dich nicht, ich habe dich aus dem Nichtsein erlöst. Du bist mein (nach Jes 43,1). Ohne ihn wären wir wertlos wie Sandkörner. Was würde unser Schicksal zählen, wen interessierte es außer uns selbst und ein paar Nächste? Aber wenn Gott dich will, dann bist du nicht Sandkorn, nicht Asche, sondern Diamant. Tu heute etwas, das dieser Bestimmung ebenbürtig ist. Bestätige einem Menschen seine Kostbarkeit.

16. August

Leider vergleichen wir uns mit andern. Das zehrt an unserer Lebenskraft. Du möchtest aussehen wie die. Du möchtest stark sein wie der. Du möchtest ein Mofa haben wie jener oder ein Mundwerk wie jene. Aber du weißt gar nicht, was dem andern fehlt. Darum wünsch dir nie, ein anderer zu sein. Du hast so viel Kraft, du zu werden, ein einzigartiger, wunderbarer Mensch mit eigenem Leben. Du bist von Gott ausgestattet mit Geist und Kraft! Du bist keine saftlose Gurke, sondern ein Kraftpaket Gottes. Das nicht zu glauben, ist bequem. Man kann einfach so weitermachen. Aber eben dies willst du doch nicht.

17. August

Was wir uns für Gedanken über Gott machen, ist nicht sehr entscheidend, sondern welche Gott sich über uns macht. Gegen meine diffuse Angst will ich glauben, was der Prophet Jeremia im Namen Gottes sagt: »Ich weiß wohl, was ich für Gedanken über euch habe, Gedanken des Friedens und nicht der Verwahrlosung.« (Jer 29,11). Diese Gewißheit hält uns in der Schwebe des Lebendigen, sie erlöst vom Verneinen und vom Klammern. Wir werden uns nicht klar über Gott. Aber in der Beziehung, in der Hoffnung zu Gott kann Ganzheit aufstrahlen. Wir werden uns klar über uns selbst, manchmal. Und das Leben erscheint uns als das wunderbare Fenster, durch das Gott zu uns hinschaut.

18. August

Denkbar ist, daß sich Gott in uns spiegeln und wiederfinden will, daß er sich unsere Gesichter aufsetzt, unsere Lebensläufe lebt, ein Gott, der sich in Menschen vermummt, um seine Liebe zu verkörpern. Klage nicht über deine Mängel. Bei diesem Projekt kannst du dir leicht mangelhaft vorkommen. Tu, was in deinen Kräften steht. Gott kommt schon mit den Ergebnissen zurecht. Sein Problem sind nicht die fleißigen Teufel, sondern die faulen oder sich verzettelnden Engel.

19. August

Daß Gott uns väterlich, mütterlich, liebevoll gesonnen ist, glauben Christen, weil sie an Jesus Christus glauben. Ich glaube diesem Jesus seinen Gott. Ich glaube, daß das mächtige, dunkle Weltgeheimnis in diesem Jesus damals seinen wahren Willen anzeigte. Wenn Jesus den Blinden heilte, zeigte er vor, daß Gott am Werk ist, alle Blinden sehend zu machen. Wenn er Hungernde speist, zeigt Jesus, daß Gott dabei ist, alle zu sättigen. Wenn Jesus sagt: Was ihr einem unter diesen meinen geringsten Brüdern und Schwestern getan habt, das habt ihr mir getan (Mt 25,40), dann sagt er auch, daß wir Gott schuldig bleiben, was wir aneinander versäumen.

20. August

Wenn Jesus aus Liebe ans Kreuz ging, sich umbringen ließ und auferweckt wird, dann zeigt Gott damit, daß er sich selbst verwunden und martern läßt, aber nicht umgebracht werden kann, sondern daß Gottes Macht stärker ist als der Tod. In Jesus zeigt Gott sein wahres Gesicht. Sicher, Gott ist auch der Schöpfer, der fortwährend seine Welt erschafft, an jedem neuen Tag, in jedem neuen Kind, jeder Kreatur. Und er ist im Sterben und Vergehen. Leben und Tod sind Taten Gottes. Wir erfahren am eigenen Leib den Gott, der sich in der Natur verströmt in unendlicher Fülle, in unendlichem Formenreichtum, unendlicher Dynamik, unendlicher Macht. Aber in Jesus, seinem wahren Gesicht, zeigt er, wozu das alles. Liebe, unendliche Verbundenheit aller Kreatur mit Gott ist das Ziel der Wege Gottes. Die Auferstehung von den Toten ist an Jesus als Erstling dieser Schöpfung, dieser zukünftig heilen Schöpfung, schon passiert. Er ist bei Gott, mit Gott uns schon voraus am Ziel.

21. August

Wofür Gott seine ganze Mühekraft braucht, das sind wir Menschen. Alle Materie ist gegossene Willenskraft Gottes. Die Natur schafft Gott sozusagen mit der linken Hand, die Galaxien und daß die Erde auch ein bißchen eiert, damit sich Sommer und Winter abwechseln, das macht Gott mühelos. Denn alle Natur ist perfekter Gehorsam. (Ernesto Cardenal) Aber wir Menschen mit Freiheit und Willkür fordern seinen ganzen Atem. Uns Menschen zur Liebe zu gewinnen, das erfordert Gottes innigste Investition: sich selbst. Darum wurde er in Jesus Mensch und verkörpert sich immer wieder neu in Menschen, die mit ihm leben.

22. August

Wir leben in einem Netz aus Nehmen und Geben. Ich lebe von diesem Netz, aber ich darf und muß auch an diesem Netz knüpfen. Ich soll's ja gut haben, aber doch auch gut machen! Wir denken viel zu geringschätzig von uns, wenn wir meinen, unser Glück wäre es, mehr zu nehmen als zu geben, und mit nur kleinem Einsatz großen Reibach zu machen. Wir sind nicht programmiert wie Glücksspielautomaten, die immer mehr einnehmen als ausgeben. Wir können uns an der Freude anderer freuen. Können stellvertretend leben, dank der köstlichen Begabung: Imagination. Ich kann mir sein Glück vorstellen und es mitgenießen.

23. August

Noch erhält uns Gott die Kräfte, noch. Es ist mir alles nur geliehen, gestundet ist all meine Kraft. Nur eine unordentliche Zellvermehrung, und ich erlahme. Dessen bewußt will ich meine Gesundheit heute nicht als selbstverständlich nehmen, und ich will einverstanden sein, daß ich nur für kurze Zeit erhalten bleibe. Ich will es Gott nicht vorwerfen, ich in meiner Lebensgier. Meine Lust zu leben ist doch selbst ein Geschenk. Wie kann ich, aus meiner Lust zu leben, Gott verklagen, daß ich so kurz nur leben darf? Ich will noch mein Klagen über vieles, was ich nicht mehr kann oder bald nicht mehr können werde, verstehen als Kehrseite der Fülle, die ich haben durfte, haben darf allein, weil Gott mich aus dem Nicht-Sein ins Sein rief.

24. August

Lies noch mal die Paradiesgeschichte (1 Ms 2 und 3)! Sie erzählt davon, daß wir Gott gehören, und wer der Mensch ist. Unsere Materie, unser Material ist von Elementen der Erde genommen. Lebenskraft hält uns eine kurze Zeit zusammen. Wir brauchen Nahrung und sollen arbeiten, erhalten das Herrschaftsrecht über die Tiere, die Natur. Wir brauchen Gemeinschaft und erhalten die Fähigkeit zur Gemeinschaft in der Sprache. Und in freier Übereinkunft macht uns die Liebe zu Helfern für den andern. Doch – so gut gerüstet: ein ganzer Mensch wird er erst, wenn Gott ihn anruft und er sich von Gott ansprechen läßt: »Adam, Mensch, wo bist du, wer bist du?« – Dieser Anspruch macht mich zu Gottes Gefährten.

25. August

Hoffnung bedeutet keinen Aufschub des jetzt Möglichen, keine Ausrede ist erlaubt gegenüber der Gegenwart. Die Visionen vertrösten nicht, sondern setzen in Bewegung, den nächsten Schritt zur Verwirklichung zu tun. Wir leben nicht im Wartesaal –
sondern sind auf dem Weg.

26. August

Ist nun der Tod der große Einspruch gegen alle Hoffnung, der Beton, an dem alles zerschellt? Der 92jährige Ernst Bloch, der ein Leben lang dem »Prinzip Hoffnung« nachdachte, wurde in den letzten Wochen seines Lebens gefragt, mit welchen Gedanken er zu sterben wünsche. Und er wünschte: »Neugier, Jagdtrieb, Flügelschlag.« Neugier ist viel. Hoffnung, die sich auf die Auferstehung Jesu Christi stützt, ist noch mehr. Der Tod bleibt nicht Beton, sondern wird Heimkehr. Wir werden eingeatmet und vorweggenommen, Gott zieht uns in die Zukunft, in sich hinein.

27. August

Sinnvolles Leben schließt die Hoffnung auf Heilwerden aller Dinge ein. Das Seil des Lebens, es soll nicht reißen und verrotten, sondern ins ewige Leben führen. Wer da auf Niedergang spekuliert und noch eben den Schnitt für sich privat machen will mit dem Gefühl »nach mir die Sintflut«, der produziert das Angstmachende. Wer den nächsten Krieg für unvermeidlich hält, der bereitet ihn vor.

28. August

Im Urlaub, nach ein paar Tagen, erwachen unsere Gefühle, wir werden empfindsamer, geduldiger, neugieriger. Menschen in der U-Bahn, auf dem Weg zur Arbeit, sind wie eine Mauer. Aber hier sehe ich einzelne. Ich nehme sie wahr, lese in ihren Gesichtern, unterscheide ihre Stimme, errate ihren Beruf, wittere etwas von ihrem Schicksal. Ein Spinnennetz zu Hause beim Putzen, ein Wisch und schon ist es weg. Hier, ausgesponnen am Strandkorb voll glitzernder Tauperlen, läßt es mich staunen, wie wunderbar alles gemacht ist. Im Dienst zerbrösele ich die Büroklammern, weil ich mit meinen Gedanken bei einem schwierigen Fall bin. Hier am Strand lasse ich den Sand durch die Hände rieseln, und der rieselnde Sand wird mir zum Bild für meine abgelaufene Zeit. Hier sehe ich die Kinder anders – wie sie Vertrauen brauchen und auch Orientierung für Gut und Böse. Hier nehme ich die Hand des geliebten Menschen, und sie wird mir »zum Unterpfand des Reichs des Geistes und der Güte«. (M. L. Kaschnitz) Hier im Urlaub werden die tauben Stellen in unserem Gefühl wieder grün, und wir beten wieder. Wir nehmen alles mit mehr Tiefenschärfe wahr, wir fühlen uns verknüpft mit einem Ganzen. Wir fühlen uns zugehörig zu allem und allen.

29. August

Geben ist Reichtum. Nicht der, der hat, sondern der, der gibt, ist reich. Der Geizige ist arm, wieviel er auch besitzt. Reich ist, wer sich

erleben kann als einer, der geben kann. Und das Schlimme an der bitteren Armut ist, daß der die Freude des Gebens nicht hat.
Er ist der Möglichkeit beraubt, zu geben.

30. August

Lieben heißt, von mir selbst geben, was in mir lebendig ist, Freude und Trauer und Interesse und Wissen und Humor und Zeit und auch Geld, wenn ich's kann. Gebe ich, erhalte ich – denn das Geben öffnet doch. Wenn wir nur nicht solche Angst hätten. Die Angst, für mich selbst nicht genug zu haben, steht mir im Weg. Und die Angst, keiner wolle etwas von mir haben. Biete dich wieder an. Ruf an. Besuche. Nach einem Besuch im Krankenhaus gehst du beschenkt nach Hause.

31. August

Du, Gott, liebst deine Schöpfung.
Du hast sie noch in Arbeit.
Du willst sie vollenden.
Du machst dir Mühe mit mir und allem, was lebt.
Das zu wissen, ist Quelle unendlichen Glücks.
Herr, gib mir Glauben, der mich trägt.
Gib mir Liebe, die erträgt.
Gib mir Hoffnung, die mitnimmt in die Freude.
Lehre mich teilen, lehre mich heilen.
Mach mich dankbar.
Und laß mich oft lachen.
Lachen teilt Vertrauen mit,
lachend werde ich mit dir einverstanden.
Ich bitte für die Mühseligen und Beladenen,
die Verzweifelten und Entwürdigten.
Du hast gesagt: Es soll nicht dunkel bleiben über
denen, die in Angst sind.
Erlöse deine Gefangenen, daß sie wieder aufstehen
und lachen mit dir.

September

1. September

»Selig sind, die geistlich arm sind, denn ihrer ist das Himmelreich.« (Mt 5,3) Die nichts haben, was sie in trügerischer Sicherheit wiegt, die die andern nicht mit Geld springen lassen, die nicht ihr Wissen aus vielen Büchern vor sich hertragen – gut sind sie dran. Und die nicht von Kindheit an auf Rosen gebettet überheblich werden; die sich nicht die Wahrheit vom Hals halten, weil sie genug Wörter zur Verfügung haben, um sich immer wieder herauszureden. Wohl ihnen! Die nicht etwas Besseres sein wollen, weder bei Gott noch beim Nachbarn, noch beim Lehrer, noch beim Finanzamt. Sie erleben jetzt schon Spuren von Himmel, ja, sie bereiten Himmel auf Erden vor, weil sie andere brauchen und es wissen. Sie bauen Gemeinschaft im Geist der Liebe – und tun nicht groß. Kennst du einen? Du wirst ihn lieben.

2. September

»Selig, die da Leid tragen.« (Mt 5,4) Leid ist in der Welt. Warum, wissen wir nicht, es muß getragen werden. Leid ist nicht gut, aber wohl dem, der Leid trägt, der es auf sich nimmt, sich nicht drückt, es nicht abschiebt oder umlügt. Wohl dem, der Leid trägt, selbst wenn er es nicht verursacht hat. Er verwandelt die Lage, bereitet den Weg.

3. September

Leid schränkt ein, es ermüdet, bekümmert, es trennt, beißt und läßt heulen. Aber es verwandelt mich, verwandelt die Lage. Die Leid tragen, lassen das Rettende wachsen. Kräfte erstarken, die wir uns nicht träumen lassen. Mangel erleidend lernen wir hoffen, hoffend verändern wir. Wir werden getröstet. Die Leid tragen, finden Gefährten, die am gleichen Geschick tragen – vielleicht schon länger, und die bezeugen können, daß die Zeit, daß Gott das Leid aus dem Mittelpunkt rückt. Leidlose dagegen bleiben ungetröstet. Immer auf der Flucht vor Leid bleiben wir trostlos leer.

4. September

»Selig sind die Sanftmütigen, sie werden die Erde besitzen.« (Mt 5,5) Wenn du wieder mal »den Hermann machtest«, so sagt man in Westfalen, wenn du unheimlich zornig und gewaltsam alle zittern ließest, du weißt, daß es effektvoll, aber lieblos war. Du hast recht behalten, egal, ob du recht hattest oder nicht. Du hast gezeigt, wer zu sagen hat. – Aber was hast du gesagt? Du bist niedergeschlagen über dich selbst. Du wirst dich beruhigen wollen mit Sachzwängen, Pädagogik und »wo gehobelt wird, fallen Späne«. Aber du weißt, daß die Sanftmütigen letztlich mehr ausrichten. Druck erzeugt nicht Einsicht, sondern Gegendruck. Die Tyrannen dieser Erde bezähmten ihre Angst, indem sie Terror verbreiteten. Und sie verloren alle. Bert Brecht sagte es so: »Es wechseln die Zeiten. Die riesigen Pläne / Der Mächtigen kommen am Ende zum Halt. / Und gehn sie einher auch wie blutige Hähne / Es wechseln die Zeiten, da hilft kein Gewalt.«

5. September

»Selig, die da hungern nach Gerechtigkeit.« (Mt 5,6) Wir haben alle schon vor Zorn gebebt, weil wir ungerecht behandelt wurden. Hilflos niedergedrückt waren wir andern ausgeliefert und schworen uns, das solle uns nicht wieder passieren. Wenn man uns Gerechtigkeit vorenthält, dann steht für uns der Weltsinn in Frage. Das muß uns eigentlich hungern lassen nach Gerechtigkeit für andere und empfindsam machen gegen Unrecht, wen es auch trifft. Eher müßte uns die Hand verdorren, als daß wir Überfluß anhäuften, während andern das Notwendige fehlt. Ich und du, wir wissen es und trotzdem: wir hungern nicht nach Gerechtigkeit, sind nicht selig.

6. September

Ich weiß, daß Gerechtigkeit gut ist, und betreibe sie nicht, gebe von meinen Vorteilen kaum ab. Das macht mich innerlich gespalten, verurteilt mich zum Unglücklichsein. Dies Zerrissensein durch Wissen des Guten und Tun des Bösen wahrnehmen, das zu Recht schlechte

Gewissen nicht mit Alkohol oder Tabletten oder Konsumrausch oder Arbeitswut wegspülen – wir müssen es leisten, wenn wir nicht verdämmern wollen. Die Rettung wäre Hunger nach Gerechtigkeit, wir wüßten, wofür wir da sind, wenn wir Chancen vermittelten und Zukunft pflanzten. Wir würden satt werden vor Leben. Müde und glückselig dürften wir einschlafen am Abend des Tages und am Abend unseres Lebens.

7. September

»Selig sind, die reines Herzens sind, denn sie werden Gott schauen.« (Mt 5,8) Wohl denen, die sich nicht vermessen, gut zu sein. Sie kennen ihr Stück Herzenshärte, ihre geheime Bosheit. Aber sie wollen dem Jesusbild in sich folgen durch Versuchung und Schuld hindurch. Sie wünschen sich, einig zu werden mit Gott. Sie haben gute Aussichten. Ein weiter Horizont steht ihnen offen: Sie werden Gott schauen, sie werden Barmherzigkeit erlangen, sie werden die Zukunft besitzen und vorbereiten.

8. September

»Selig, die den Frieden stiften.« (Mt 5,9) Solange ich vorziehe, wohlgelitten zu sein, zähle ich nicht zu den Friedensstiftern, die als Kinder Gottes erkannt werden. Gewiß, Kinder Gottes sind wir alle. Aber wer erkennt uns als Bruder und Schwester? Der, dem wir geschwisterlich begegnen, erkennt uns als Kind Gottes, den wir als Mit-Kind gelten lassen, dem wir das Kindesrecht besorgen und sichern. Der, der unter die Räder kommt im täglichen Kampf um Vorteile, den schützen vor den aggressiven Begierden unsereins und andrer – das wär's! Frieden stiften ist das Gegenteil von dem, was uns allen genehm ist, nämlich relativ friedliche Verhältnisse zu eigenen Gunsten zu nutzen.

9. September

Frieden stiften die, die andern Frieden zutrauen, die nicht mit Worten und Waffen den andern und sich in friedlose Lage einschließen. Es gibt Kriegstreiber und Friedenstreiber. Daß unser Staat nach so viel deutscher Kriegsschuld einseitig abrüstet bis an die Grenze der Verteidigungsunfähigkeit – sollten wir politisch betreiben. Wie kann man bis zu den Zähnen bewaffnet zu Vertrauen einladen?

10. September

»Selig, die um der Gerechtigkeit willen verfolgt werden.« (Mt 5,10) In andern Ländern bedient sich die Lüge brutaler Mittel. Bei uns hat sich die Lüge Handschuhe über die Tatzen gezogen. Mit Folter und Tod wird hier keiner verfolgt. In diesem Lande bekommt man um der Gerechtigkeit willen nur Ärger. Aber was heißt hier »nur«? Freunde ziehen sich zurück, Chefs runzeln die Stirn. Wir gieren dermaßen nach Übereinstimmung, daß wir den Rahmen der Freiheit gar nicht nutzen. Die Schere der Zensur haben wir im Kopf. Wir kalkulieren schon im voraus, wie es ankommt, was wir sagen, rechnen Vor- und Nachteil für uns aus. Das ist unser banaler Verrat an Jesus, alltäglich. Wann hast du zuletzt das Wort erhoben für einen, der ungerecht behandelt wurde? Wann zuletzt dich verwendet für einen, den die Mehrheit schon fallen ließ? Wem erstrittest du eine neue Chance? Welchen Schutzlosen schützt du? Das Himmelreich ist dein, wenn du einen nennen kannst. Denn der Geschmack am Guten ist herrlich. Du hast ihn geschmeckt.

11. September

Zum Überwinden von Getrenntheit in der Liebe braucht es das Erzählen vom eigenen Leben, den Austausch von Hoffnungen und Ängsten und Phantasien. Da braucht es das Entwickeln gemeinsamer Interessen, die Fürsorge miteinander, die Verantwortung für den andern und den Respekt vor ihm, daß ich ihn nicht vereinnahme. Und zum Lieben gehört viel Wissen. Wenn einer sich ärgert, was steht hinter diesem Ärger? Liebe will verstehen und braucht viel geduldige Zartheit. Liebe ist Mühe und Arbeit.

12. September

»Selig die Barmherzigen, denn sie werden Barmherzigkeit erlangen.« (Mt 5,7) Die defensiv leben, die weniger für sich fordern als die andern einräumen, die Wut aufsaugen, Schläge einstecken, Schimpf nicht mit Schande heimzahlen, die entschuldigen, Gutes vom Nächsten reden und alles zum Besten kehren, die nicht mit Gewalt oder List sich durchsetzen, sondern sich hinhalten, lieber Unrecht leiden als Unrecht tun, die mit dem sanften, starken Mut, die Barmherzigen, die Gnade vor Recht ergehen lassen, die sich erbarmen, die machen das Leben erträglich. Bist du einer von ihnen? Du willst einer von ihnen sein.

13. September

Wir tun uns schwer, das Nehmen und Geben ins Gleichgewicht zu bringen. Dabei wünschen wir uns, nehmen und geben zu können, wie wir atmen können, gleichmäßig, fließend, so »wie von selbst«. Laß dir Gutes tun, ohne dich gleich revanchieren zu wollen. Tu Gutes, ohne gleich den Nutzen zu überschlagen – eine harte Schule für uns Rechner und Bedenker.

14. September

In 1 Joh 4,16 heißt es: »Wer liebt, der bleibt in Gott und Gott in ihm!« Das meint im Bild gesprochen: Das Haus der Liebe hat viele Stockwerke, aber Gott ist das Haus. Gott ist nicht eine zusätzliche Etage der Liebe, sondern ist die Liebe, die Bindekraft vom Atomkern bis in die Liebesumarmung. Im »Hohelied« heißt es: »Liebe ist stark wie der Tod. Ihre Glut ist feurig und eine Flamme des Herrn.« (8,16) Liebend muß ich ausgeben, was in mir ist. Dies kärgliche Leben auf Sparflamme, dies Vermeiden von Nähe und Freude will sich verwahren, will sich schonen. Es ist ein Jammer.

15. September

Die meisten Bereiche unseres Lebens sind durch Kaufen und Verkaufen geregelt. Immer mehr Güter werden zu Waren. Die Briefkästen sind voller Angebote. Ein handgeschriebener Brief ist schon Labsal. Wir haben Interessen. Haben wir auch Interesse? In der Gesellschaft von Konkurrenten wird Freundschaft anormal. »Dem steht der Egoismus der menschlichen Natur so entgegen, daß wahre Freundschaft zu den Dingen gehört, von denen man, wie von kolossalen Seeschlangen, nicht weiß, ob sie irgendwo existieren.« (Arthur Schopenhauer) Und trotzdem – der Wunsch nach Freundschaft ist lebendig.

16. September

Daß der Mensch als Mann und Frau Mensch ist, das ist in der Bibel mit einer Verheißung versehen: »Und die zwei werden ein Leib sein.« (1 Ms 2,24) Sie werden nicht eins, sie bleiben zwei. Aber sie sollen sich immer wieder einig werden. Sie bleiben zwei, aber sie durchdringen sich, sie geben und nehmen, sie erkennen sich, helfen einander in je ihre Wahrheit. Sie bauen ein Haus aus gemeinsamen (nicht gleichen) Wünschen, Erfahrungen, Mißerfolgen und Aufgaben. Sie nehmen Einfluß aufeinander in Freiheit. Sie teilen, sie geben ab, sie nehmen auf. Sie wissen voneinander: Ja, ich bin nicht auf dieser Welt, um nach deinen Erwartungen zu leben. Und du bist nicht auf dieser Welt, um nach meinen Erwartungen zu leben. Aber wir finden immer wieder zueinander und wollen uns nie ignorieren. Einzigartig wollen wir aufeinander bezogen sein und zärtlich miteinander altern. Daß wir ein Leib geworden sind, eins, wir werden es merken, wenn einer schwer krank ist und der andere die Hand hält, inbrünstiger als je.

17. September

Zwei sind besser als eins. Wie kann ein einzelner warm werden? (Pr 4,11) Wie sollte einer allein komplett sein, autark, abgefunden. Unheimlich frei ist er, auch unheimlich allein. Wir sind uns ja nicht selbst genug. Wir sind angelegt auf ein Du. Wir sind Mängelwesen, die die Ergänzung, die Nähe, die Freundschaft brauchen. Auf Mangel hin sind wir genetisch festgelegt: Hilflos zur Welt gekommen, brauchen wir Eltern. Geschlechtlich angelegt sind wir, alleinbleibend, nur nach Komplettierung schreiende Hälften. Nicht biologische Notwendigkeit allein macht unsere geschlechtliche Verschiedenheit sinnvoll, sondern: wir sind so beschaffen, daß wir die gemeinsame Wahrheit suchen, die neue Freiheit, in der beide Frieden finden auf langem Weg.

18. September

Wir haben uns einreden lassen, nur Bezahltes sei wertvoll, nur Teures tauge. Vielleicht müßte die Mutter oder der Gefährte erst Geld nehmen, damit man merkt, wie wichtig, wie kostbar sein Zuhören ist. Das Wichtige im Leben ist umsonst, aber es ist nicht billig. Gibst du Beachtung, nimmst du Beachtung, so gibst und nimmst du Essenz des Lebens: Zeit.

19. September

Jesu Geschichte vom barmherzigen Samariter (Lk 10,25–37) gehört zu dem Stoff, aus dem unsere Gewissen geformt sind. Der da unter die Räuber fiel, könntest du sein. Das zwingt dich aus der Zuschauerrolle heraus, versetzt dich in seine Lage, läßt dich hineinknien in seine Not. Was ihm fehlt, bist du ihm schuldig. Ein Bild aus unsern Tagen: am Straßenrand ein Schwerverletzter, und ein Mensch beugt sich über ihn, beatmet ihn von Mund zu Mund. Wir gehören zusammen, manchmal vergißt man es, solch ein Bild aber klärt alles.

20. September

Wir sind nicht auf Nächstenliebe programmiert. Unser Instinkt, Beute zu machen, Macht zu gewinnen, Schwäche abzuwehren, aus Gefahrenzonen zu flüchten, ist natürlich. »Ich mag gar nicht danach gucken!« sagt man im Norden, wenn man Zeuge von bedrückendem Leid wird. Und doch brennt in uns ein schwaches Feuer der Zuneigung, das zur lodernden Flamme entfacht werden kann. Viele haben sich dem Dienst am Nächsten verschrieben. Sie nehmen sich der Kranken an, der Notleidenden. Sie hegen das Feuer der Menschenwürde, auch stellvertretend für andere.

21. September

Wenn ich mich allein sehe, mich selbst bespiegle, kein Wunder, daß ich da keinen Sinn sehe. Ich für mich allein, von mir aus gesehen, bin nur ein »Spinnlein am dünnen Faden, selbstgespeichelt im leeren Raum« (Botho Strauß). Ich aus mir selbst nur ein Tropfen ohne Meer oder ein Relais, durch das pausenlos Reize jagen, ohne daß ich weiß, was mit mir gespielt wird. – Jeder hat seine eigenen Bilder und seine eigenen Erfahrungen mit dem Sinnlosen, es ist ja auch allgegenwärtig. Man kann doch nur fromm werden oder verrückt. Ein beherzter Glaube, Jesus nach, hält eine Handbreit über dem Chaos, läßt uns nicht abgleiten in fidele Resignation. Viele sind schon versunken in blanken Zynismus, sie genießen und verachten nur noch. Christen sind wichtig, weil sie in den geistigen Kräftehaushalt Energien einspeisen aus der Gewißheit: die Erde ist des Herrn (Ps 24,1). Die Erde ist Gottes Ureigenes. Also auch meine Denkkraft, meine Lebenskraft, meine Talente, meine Triebe, mein Geld, meine Tüchtigkeit, sie sind des Herrn. Wie aber verflüssige ich, was ich habe und bin für das Ganze? Das ist die angemessene Frage nach Gott. Wie kann ich in seinem Kreislauf pulsieren, so, daß das Ganze gedeihe? Förder heute das Glück eines anderen Menschen!

22. September

Die Erde ist des Herrn, er läßt sie sich nicht zu Schrott fahren. Du bist des Herrn – also nicht meine Beute. Ich bin des Herrn – also nicht des Teufels. Wir sind des Herrn – also sinnvoll, nötig, gotteskarätig. Die Erde ist des Herrn. Das steht nicht auf einem Pappschild außen am Raumschiff Erde und nennt den fernen Besitzer. Sondern der Kos-

mos, die Erde, du einzelner Mensch, alles ist des Herrn Eigenes, ist Teil seines Willens, seines Interesses. Wir sind in Gott wie Blutkörperchen im Körper. Darum sollen wir nicht Ausschau halten nach einem weißen Riesen außerhalb der Welt, sondern wir sollen uns erkennen in Gott, von Liebe und Zukunft durchflutet. Dann bete ich: »Von allen Seiten umgibst du mich und hältst deine Hand über mir.« (Ps 139,5) Wie das Kind im Mutterleib Teil der Mutter ist und Besonderes, so sind wir Teil von Gott und zum Selbstsein bestimmt, wir bleiben von Gott umgeben, »von guten Mächten wunderbar geborgen«, im Weltlauf. In Angst und Mühen getragen. Gott bewahrt nicht vor finstern Tälern, sondern geht mit im finstern Tal. Darum ist das ganze Leben keine Sackgasse, sondern ein Weg mit ihm, von ihm her, zu ihm hin. Wir sind ins Leben gerufen für eine Spanne Zeit, damit wir die Liebe lernen, die Sehnsucht nach Ganzsein und Heilwerden fühlen und hier niemals satt werden. Wir dürfen hier einige Taten der Güte tun und viel Irrtum, um dann heimzukehren in die Fülle, das hoffe ich
Jesus nach, ganz gewiß.

23. September

Gott schuf den Menschen als Mann und Frau – gleichwertig, gleich wichtig. Die Unterschiede von Mann und Frau sind zur gegenseitigen Vervollständigung gedacht, aber niemals, um daraus Machtansprüche abzuleiten. Gerade im Verhältnis von Mann und Frau ist gegen diese Schöpfungsbestimmung viel gesündigt worden. Vielleicht ist es das traurigste Kapitel der Menschengeschichte, daß – in der Vergangenheit jedenfalls und in den unterentwickelten Ländern heute noch immer – die Frauen die schweren Lasten zu tragen haben. Und bei uns: Wieviel mehr Frauen als Männer sind allein erziehend, arbeitslos, schlechter bezahlt? Bist du Frau, erziehe die Männer in deiner Nähe, lehre sie sanft und beharrlich, daß auch sie Talent haben zu dienen. Spring nicht mehr zuvorkommend auf. Und bist du Mann, sei Mensch genug, dein herrisches, überhebliches Gebaren im Zaum zu halten. Auch deine Bevormundung durch Fürsorge entmündigt. Leider.

24. September

Setz darauf, daß wir Menschen, du eingeschlossen, lernfähig sind. Nicht weil wir von Natur aus einsichtig wären, sondern weil Gott uns zur Vernunft bringt. Er gibt sein Projekt, liebende Menschen zu schaffen, nicht auf. Paulus sagt in seinem Brief an die Römer (1,24): »Er gibt uns Menschen dahin an die Begierden unseres Herzens.« Ja, Gott läßt uns die Folgen unseres Tuns erfahren. Das ist sein Gericht. Wir stehen in einer Haftungsgemeinschaft; wir sind Glieder in der Generationenkette. Und was unsere Eltern schuldig blieben, müssen sie und wir Kinder tragen. Was wir versäumen, müssen wir und unsere Kinder abarbeiten. »Der die Sünden der Väter und Mütter heimsucht an den Kindern bis ins dritte und vierte Glied, auf daß er Gutes tue bis ins tausendste Glied.« (nach 2 Ms 20,5/6) Das hattest du doch mit den Zehn Geboten gelernt, hast es in deinem Leben erfahren.

25. September

Gott hat eine Kreatur geschaffen, die mehr erkennen kann als zu ihrer Fortpflanzung notwendig ist. Unsere Seelen können die Schöpfung wahrnehmen, nicht nur als Nahrungsquelle. Wir können die Welt schauen als Bilderbogen der Größe und unergründlichen Fülle Gottes. Wir sind zum Staunen bestellt; bestimmt, die wunderbaren Zusammenhänge ehrfurchtsvoll und aufmerksam zu erkennen. Schauen und erkennen ist auch beten, wenn ich mich eingebettet sehe ins Ganze, es nicht zerstöre, sondern es »bebaue und bewahre«, wie es zum Menschen von Anfang an gesagt ist (1 Ms 2,15).

26. September

Spuren Gottes haben sich abgelagert in der Harmonie des Weltalls, in den Regeln der Natur, in der Ordnung der Kristalle, in der Wunderhaftigkeit der Chromosomenketten. Je mehr wir sehen und kennen vom Aufbau der Natur, um so deutlicher sollten wir wahrnehmen, daß nichts, gar nichts selbstverständlich ist. Würde man den Informationsgehalt des Erbmaterials einer Hausmaus in Buchstaben übertragen, benötigte man mehrere Millionen DIN-A-4-Seiten. Werner Heisenberg hat gesagt: »Der erste Trunk aus dem Becher der Naturwissenschaft macht atheistisch. Aber auf dem Grunde des Bechers wartet Gott.« Solltest du aus naturwissenschaftlicher Kenntnis dich dem Gottesglauben entwachsen sehen, bist du wohl noch beim ersten Schluck.

27. September

Ich will mir nichts abhandeln lassen von der Wunderbarkeit der Welt. Gerade weil wir – wenn auch nur andeutungsweise – erkennen können, wie alles zusammenhängt, ist doch der Zusammenhang um so großartiger. Ja, es gibt Fachleute, die sind so fasziniert vom Detail, daß sie den Zusammenhang gar nicht mehr ahnen. »Ihnen zieht jede Erkenntnis eine Steinkruste über das Herz«, sagt Jean Paul. Aber ich will mich für begabt und beschenkt halten. Spätestens ein Leid, das mich verstummen läßt, wird es mich lehren. Warum dann nicht jetzt aus Glauben in freier Einsicht?

28. September

Du bist gewollt von dem, der die Welt will. Du bist ein Wunschkind Gottes, ins Leben gerufen, nicht aus dem Nichts dahergewürfelt. Natürlich sind wir mit Hilfe der Eltern gezeugt und geboren, vielleicht sogar gewollt. Aber die Eltern sind nur Helfer zum Leben; nicht ihr Wunsch begründet mich. Thomas Mann hat es in »Joseph und seine Brüder« beschrieben. Da sagt Jakob: »Der Zeugende ist nur Werkzeug der Schöpfung, blind, und er weiß nicht, was er tut. Da wir den Joseph zeugten, zeugten wir nicht ihn, sondern irgend etwas, und daß es Joseph wurde, das tat Gott... Zeugen ist nicht Schaffen, sondern es taucht nur Leben in Leben in blinder Lust. Er aber schafft.« Laß dir gratulieren, daß du lebst, daß genau du gewollt bist! Daß wir einander zum Geburtstag gratulieren, bewahrt das Wissen von der Wunderhaftigkeit deines und unseres Lebens.

29. September

Man fragte die Engel einmal, warum sie fliegen könnten, und sie sagten: »Wir nehmen uns leicht. Wir wissen, es trägt uns einer.« Dieses Leichtnehmen, dieses Leichtseinkönnen wünsche ich dir; nicht windigen Leichtsinn, aber auch nicht dies Erdrücktwerden vom Gewicht der Welt. Ja, wir wollen und müssen uns mühen und tragen Verantwortung, Menschen brauchen unseren Fleiß, unsere Arbeit, unsere Hilfsbereitschaft. Aber »sorget nicht« (Mt 6,34), zersorget euch nicht! Sieh die Welt an, die Natur, die Geschichte, deinen eigenen Lebenslauf. Was schön ist, hast du alles vorgefunden, und was dir glückte, ist doch Gnade, Geschenk und Begabung. Lobe Gott, lache ihm zu, lache ihm zu in den Menschen, in denen er auch wohnt, und freue dich an den Blumen, in denen Gott auch duftet.

30. September

Herr allen Lebens, du Geheimnis der Welt.
Alle Menschen, alle Tiere, alle Pflanzen haben mit dir zu tun.
Du bist die Energie des Lebens.
Und daß du ihr Form gegeben hast in uns,
ist der Wunder voll.
Wir bitten dich um Einsicht und Weisheit,
daß wir mit unseren Kräften als deinen Leihgaben umgehen.
Wir bitten für deine Schöpfung,
daß sie noch Zeit bekommt zu existieren,
und daß wir sie bewahren.
Wir bitten für deine Menschen,
die in kargen Gegenden deiner Erde wohnen,
daß wir lernen, ihnen zu helfen,
denn wir haben es nicht verdient,
daß wir hier so viel produzieren können.
Herr, mache uns einsichtig, daß deine Welt
eine Schöpfung,
ein gemeinsames Haus (»Ökumene«) ist.
Mache uns zu Mitarbeitern deines Friedens.

Oktober

1. Oktober

Die Wissenschaftler, die mit dem Mikroskop und dem Vergrößerungsglas die Natur untersuchen, können erkennen, wie sie gebaut ist und wie Gott sie gemacht hat. Und wenn sie nicht an Gott glauben, dann können sie auch nur sagen: Ich weiß nicht, warum die Welt da ist. Ich weiß auch nicht, warum ich da bin. Darum kann man nicht an Naturwissenschaft glauben, man muß sie benutzen. Der Verstand sammelt Wissen. Die Vernunft muß Sinn und Grund der Dinge vernehmen. Sonst richten wir uns wissenschaftlich gekonnt zugrunde.

2. Oktober

Thomas Mann schreibt im »Zauberberg«: »Hans Castorp faltete seine frischgewaschenen Hände und rieb sie behaglich erwartungsvoll aneinander, wie er zu tun pflegte, wenn er sich zu Tische setzte, vielleicht, weil seine Vorfahren vor der Suppe gebetet hatten.« Auch unser Erntedankfest ist möglicherweise nur noch Rest einer Erinnerung. Wir stellen Obst, Gemüse, Brot auf, weil auch heutiger Schrumpfglaube wenigstens das naturhafte Wachsen noch mit Gott verknüpft. Aber die Maschinen, die Elektronik, die Kreditkarten und Rentenpapiere bringen wir erst gar nicht zum Altar. Für sie danken wir nicht, und von ihnen meinen wir, sie gingen Gott nichts an; in Sachen Wirtschaft lassen wir uns ja nicht reinreden. Dabei: wenn Gott, dann ist er für alles zuständig. Wenn Erntedank, dann Dank für alles, was mittels unserer Arbeit errungen ist. Und Bitte um Vergebung für unser Ausbeuten. Und Abschwören der weiteren Vergeudung. Kein Wunder, daß wir über Erntedank schnell hinweggehen. Es ist wenigstens ehrlich.

3. Oktober

Zeit ist die ausgestreckte, ins Gestalten verlegte Mühe Gottes. Und jetzt nimm deine Spanne Zeit wahr – was soll darin zur Gestalt finden? Was hast du vor, mußt du unbedingt tun, damit in dir, mit dir, Mühe Gottes Gestalt gewinnt? Stiehl dem lieben Gott nicht seine Zeit – sagen wir schon mal und wissen gar nicht, daß wir den Nerv der Dinge damit treffen.

4. Oktober

Ich darf glauben, daß ich nicht Zufall bin, obwohl sicher der Zufall mit im Spiel war bei meiner Entstehung. Alle Zufälle passieren in dem Flußbett, das »Wille Gottes« heißt. Was ist schon ein neuer Stern am Himmel, verglichen mit einem neuen Menschen, der einmal Ich sagen kann und danken wird. Wenn ich mit Bewußtsein lebe, dann frage ich ja: »Warum lebe ich, ausgerechnet ich?« In der Taufe wird mir dann gesagt: »Du lebst, weil Gott dich liebt.« Ich kann schon verstehen, daß einer das nicht fassen kann, so wichtig zu sein. Aber ich kann es nicht verstehen, daß er es nicht gern glaubt. Die Alternativen bedenkend, ist christlicher Glaube denkwürdig. Der Unglaube macht sich mehr vor als der Glaube.

5. Oktober

Wenn wir heute viel mehr wissen von der Natur, haben wir eigentlich auch mehr Material, um Gott zu loben und zu feiern. Früher dachten die Menschen, die Erde wäre eine Scheibe und darüber, wie eine Käseglocke, der Himmel und darunter die Totenwelt. Heute wissen wir, die Erde ist nur ein »Stäubchen« im Weltall. Mit hundert Millionen andern Körpern gehört sie zu einem Milchstraßensystem, und es gibt mindestens einhundert Millionen Milchstraßensysteme. 100 Millionen mal 100 Millionen Himmelskörper – und einer davon ist die Erde! Wenn die Welt einen Schöpfer hat, wer hätte mehr Grund zum Staunen? Die damals dachten, die Erde sei eine Scheibe mit einer Käseglocke darüber, oder wir, die wir ahnen, wie unfaßbar groß das Weltall ist? Wer hat mehr Grund zum Staunen? Wir, die wir viel wissen, oder die, die wenig wußten?

6. Oktober

Seitdem Kinder geboren werden, staunen Eltern, daß sich so vieles vererbt. Wir nun verfügen über das Wissen, welche chemischen Prozesse ablaufen bei der Verschmelzung des Erbgutes. Wer hat nun mehr Grund zum Staunen? Wer Einblick hat in die Kompliziertheit der Dinge – oder der, der blind staunt? Es ist doch kein Wunder, daß viele große Forscher fromm waren und sind. Der englische Physiker Faraday sagte, wenn er ins Labor ging: »Ich gehe in meine Gebetskammer.« Und der Astronom Galilei sagte, wenn er sich an sein Fernrohr setzte: »Ich lese jetzt in Gottes zweiter Bibel«, die mit mathematischen Lettern geschrieben ist. Ist vielleicht auch noch »Zufall« ein Pseudonym für Gott, ein Tarnwort derer, die den mit so viel Irrtum beladenen Namen scheuen?

7. Oktober

Als vor 150 Jahren in den USA die Eisenbahn durch den Wilden Westen gelegt wurde, bat man auch den großen Häuptling der Indianer, den Zug zu besteigen. Er sagte: »Der Zug ist mir zu schnell, da kommt meine Seele nicht nach.« Es ist wohl so, daß bei so viel Wissenschaft und Technik unsere Seele nicht nachgekommen ist. Wir müssen wieder und anders lernen, was das heißt: »Es ist dir gesagt, Mensch, was gut ist und was Gott von dir will: Nämlich ihm vertrauen und Liebe üben und demütig werden.« (Mi 6,8)

8. Oktober

Auch in Gestalt des neuen Tages ist Gott da. Er läßt die Tage und Nächte werden. Die Zeit ist sein Fließband, auf dem er uns die Gaben und Aufgaben zustellt. Gern würden wir voraussehen können. Wahrsager haben Zulauf. Als ob nicht reicht, was wir eh schon wissen: daß unsere Kräfte schwinden, wir Vorsorge treffen müssen und alle Gemeinschaft auf Zeit ist. Wir wissen es und stehen dann doch wie vom Blitz getroffen. Daß wir der Zukunft vorgreifen wollen, um Details zu erfahren (Krankheit? Ein Partner? Beruf? Kinder?), das lähmt doch nur unsere Aufmerksamkeit für das je Neue und uns Zugetraute, tagtäglich. Meist sind wir so im Rückstand mit dem, was uns aufgegeben ist, daß wir froh sein können, noch Gegenwart zu haben. Die Zukunft ist dran, wenn sie da ist.

9. Oktober

Immer besser verstehen wir den Aufbau der Dinge, auch des menschlichen Körpers. Aber welches Stück wird eigentlich gespielt? Immer haltbarer werden unsere Leiber, immer mehr Dinge können wir machen. Aber was ist der Sinn, wie klingt die Musik des großen Geschehens? Soll meine kleine Lebensstrecke, mein Glück, mein Tirili oder Getöse die Melodie des Lebens sein? Auch wenn ich mich manchmal gebärde, als sei ich das Thema der Welt, auch wenn Größenwahnsinnige für kurze Zeit sich multiplizieren, indem sie Millionen im Gleichschritt brüllen lassen – Glanz und Elend von hier und jetzt ist nur, aber was heißt nur, ein Takt in Gottes langer Geschichte. Wir sinken für ihn nicht zum Staub, wir lösen uns nicht auf ins Nichts, sondern er löst uns in sich auf. Gott rief uns aus dem Nichts ins Dasein, um auf immer seine Zukunft zu teilen.

10. Oktober

Wußte man früher über tausend Jahre lang ungefähr dasselbe von der Welt, so hat sich in den letzten einhundert Jahren das Wissen vervielfacht und verdoppelt sich heute alle 15 Jahre! Und dennoch bleibt die Frage: Wozu bin ich da? Diese Frage müssen wir beantworten mit unserem alltäglichen Tun. Tiere können einfach leben, wie es kommt. Wir Menschen müssen einen Weg gehen mit Sinn und Ziel. Darum hängt so viel daran, daß du Zuversicht hast, Gutes zu bewirken.

11. Oktober

Halte es mit dem Bürgermeister einer amerikanischen Provinzstadt: Während einer Gemeinderatssitzung tobte ein Gewitter, als würde die Welt untergehen. Die Abgeordneten wollten die Sitzung abbrechen. Der Bürgermeister sagte: Entweder der Jüngste Tag bricht nicht an, und das Gewitter geht vorüber, oder der Jüngste Tag bricht an, und dann soll uns Gott an der Arbeit sehen – also tun wir unsere Pflicht!

12. Oktober

Wichtiger als der Sachverhalt, daß ein Schöpfer irgendwo am Anfang die Welt gemacht hat, ist unser Vertrauen, daß diese Welt erlebenswert ist, weil Gott der Schöpfer Wichtiges mit uns vorhat. Die Schöpfung am Anfang ist doch nur der Auftakt für das noch viel größere Werk. 900 Seiten hat die Bibel. Auf drei Seiten erzählt sie von der Schöpfung. Von diesen drei Seiten handeln mindestens schon wieder eineinhalb Seiten davon, daß der Mensch widerspenstig ist und wie Gott sich mit ihm müht. Und selbst die eine Seite Schöpfungsbericht ist nicht neutral wie ein Biologiebuch, sondern hat ein Interesse: Es soll nämlich gesagt sein, daß Gott für alles zuständig ist und dazu ein Liebhaber des Lebens ist. Und daß er nach dir fragt, so fragt, als wärst du seine einzige Sorge.

13. Oktober

Schon liegen einzelne Bausteine bereit, aus denen eine bessere Gerechtigkeit zu bauen ist. Ich will nicht grübeln, wie eine heile Welt im Endzustand aussehen könnte. Wir haben doch genug damit zu tun, schreiendste Not zu lindern – und Freude wahrzunehmen. Wie wenn einer ein Boot rudert, mit dem Rücken zum Ziel, so sind wir dran. Nehmen wir die Kraft zum Rudern aus dem Vertrauen, daß wir bei Gott sind, auch wenn wir noch auf dem Weg sind. Heute tun, was heute nötig ist, und morgen tun, was morgen nötig ist: darin geschieht Reich Gottes alltäglich.

14. Oktober

Ein Quentchen weit an der Vollkommenheit Gottes teilzunehmen, zu dieser Lust lädt Jesus uns ein. Aber nicht von Gott abgekettete Machtlust, die in Angst und Schrecken jagt, ist gemeint. Von diesem dünkelhaften, dunklen Treiben will uns Christus bekehren zu der Großzügigkeit Gottes. Seine Güte wahrnehmen und sie nicht gedankenlos kassieren und genießen, sondern sie dankbar annehmen und voll Dank verwenden, dazu will uns Jesus bekehren. Gott läßt uns teilhaben an seinem Gutsein, daß wir den Geschmack am Guten lernen. Wohltaten tun, das ist unser Glanz. Dankbar werden, daß ich genug, übergenug habe, auch um wohl zu tun, dies glückhaft empfinden, wird uns retten.

15. Oktober

Es wird Zeit, daß wir Menschen uns unsere Überheblichkeit abgewöhnen. Noch vor zehn Jahren schienen phantastische Fortschritte möglich in Richtung auf ein irdisches Paradies. Aber inzwischen stoßen wir auf die Grenzen des Wachstums, das uns selber gefährdet. So viel Bedrohliches, so viel Schädliches, so viel Tötendes ist machbar geworden, und einige Ergebnisse der Naturwissenschaft sind verbrecherisch. Der Boden der Tatsachen ist vergiftet, und die Spitze der Logik bilden Raketen. Ist noch Umkehr möglich? Tu das deine mit ganzer Hingabe. Das wird Folgen haben, verlaß dich drauf.

16. Oktober

Die Wirklichkeit besteht aus zwei Reichen – besser: es sind zwei Stimmen, die in uns zu einer Melodie werden wollen, zwei Elemente, die in uns eine Verbindung eingehen wollen: Himmel und Erde, Natürliches und Göttliches. – Halten wir sie zusammen! Natürlich gibt es da Konflikte: Staat und Gewissen, Geschäftsinteressen und Menschenliebe, Lust auf Bequemlichkeit und Verantwortung. Natürlich leben wir in Konflikten. Da müssen wir durch, und dann kommt der nächste Konflikt, und da müssen wir auch durch, bis wir Gott schauen von Angesicht zu Angesicht. Einfacher ist menschenwürdiges Leben nicht zu haben.

17. Oktober

Mir will nicht in den Kopf, daß Menschen behaupten können, die Natur habe sich selbst gemacht. Daß die Welt aus Zufall entstanden sein soll, das ist genauso unwahrscheinlich, als wenn eine Druckerei explodiert und daraus ein Wörterbuch entsteht. Viele naturwissenschaftlich faszinierte Menschen benutzen eine Sprache, die Gott ausblendet. Sie reden dann von Entwicklung, als wäre diese ein denkendes, planendes Wesen. Dabei ist die Entwicklung (Evolution) doch der Vorgang des Werdens, wie Kochen der Vorgang der Speisezubereitung ist. Aber das Kochen kocht nicht. Die Entwicklung entwikkelt nicht. Das Geheimnis der Welt, Gott oder Schöpfer genannt, treibt in uns sein Wesen. Daß du bist und dies noch bedenken kannst, ist in seinem Frömmigkeitsgehalt gar nicht auszuschöpfen.

18. Oktober

Wir leben von Sauerstoff, Essen, Trinken, Schlafen, von unserer und andrer Menschen Arbeit, von Erfahrung, von Zuneigung und Hoffnung. All das produzieren wir nicht selbst. Wir bestellen den Acker, wir benutzen unseren Verstand, handhaben unsere Glieder. Wir bekommen Zuneigung geschenkt, und Hoffnung zieht uns wie ein Magnet in die Zukunft. Wie das Wasser flußabwärts fließt, weil die Schwerkraft nach unten zieht, so leben wir davon, daß wir das Gute geschehen lassen. Das Böse ist Beschädigen und Abblenden des Guten, ist Schwächung und Verneinung; schlimm genug, aber nicht zukunftweisend. Also starre nicht so gebannt auf die Verbrechensmeldungen. Laß Gutes wachsen.

19. Oktober

Immer waren es Verzweiflungstaten, in denen die Menschen die Erde sterben und die Himmel zusammenstürzen sahen. Sie trauten Gott einen neuen Himmel, eine neue Erde zu – aber die alte Erde heil zu machen, das trauten sie ihm nicht zu; zu verderbt schien ihnen die Menschheit. Daß Gott seine alte Erde als mißlungenes Werkstück zum Müll werfe und die alten Menschen als verworfene Geschöpfe abtue, das ist Kleinglaube, getarnt als große Prophetie. Dagegen steht die Bitte: dein Reich komme, dein Wille geschehe. Darin ist eine viel größere Zukunftshoffnung bewahrt: diese Erde, diese Menschheit, diese Zeit wird heil werden. Und unser Tag, unsere Geschichte, dein und mein Lebenslauf sind Phasen im Bau des Reiches Gottes. Ist's vollendet, wird's auch eine neue Erde, ein neuer Himmel sein, wir aber werden sein wie die Träumenden (Ps 126,1).

20. Oktober

Zum Abenteuer der Liebe sind wir eingeladen. Biete Freundschaft an, laß Menschen dir nahekommen, fühle mit. Müssen wir lieben? Nicht als Pflicht, sondern als die angemessene Lebensäußerung. Vögel, die nicht fliegen, sind nur Geflügel. Fliegend wird das Geflügel zum Vogel. Liebend wird der Mensch menschlich. Nimm teil, misch dich ein, erbitte Einmischung. »Es ist nicht gut, daß der Mensch allein sei.« (1 Ms 2,18) Jeder noch so flüchtige Kuß hilft gegen Erstarrung.

21. Oktober

Gott wird Mensch. Nicht nur einmal, vorübergehend, so wie Politiker und Bischöfe in die Kohlengruben einfahren, für eine Stunde Hitze und Dreck der Kumpels zu teilen. Haben die ersten Zeugen Jesus richtig verstanden, dann wurde Gott Mensch und will in einem jeden von uns wieder Mensch werden, zur Welt kommen in unsern Körpern. Lasse ich Gott in mir zur Geltung kommen, dann bete ich mit Marie Luise Kaschnitz oder ähnlich: »Du Bettler, Bruder Jesus, geh in mich ein, streck deine Arme in meinen Armen aus, deine Finger in meinen Fingern, erfülle mich mit deiner Ungeduld, die auch Geduld ist, überirdische, wie man es nimmt.«

22. Oktober

Die Ehe ist nicht jedermanns, jederfraus Sache. Paulus lebte ledig und konnte sagen: »Ich wollte lieber, alle Menschen wären wie ich, aber ein jeglicher hat seine eigene Gabe von Gott, der eine so, der andere so.« (1 Kor 7,7) Es ist gut, daß es nicht mehr heißt: entweder Ehe – oder einsam. Es gehört zum Auftrag der Nächstenliebe, daß wir Formen finden, in denen man ehelos und doch verbunden leben kann. Und die Ehe ist nur ein Heilsweg, ein Liebender zu werden.

23. Oktober

Jesus glaubte groß von Gott und uns. Er glaubte Gott nicht als einsamen Weltenlenker und uns als Gewimmel, sondern er sah Gott als Vater und Mutter aller Menschen an und uns als Söhne und Töchter, die beteiligt sind an der Herrschaft und Güte Gottes. Jesus lehrt, wozu wir gedacht sind: Jeder ein Wort aus dem Wortschatz Gottes, aus dem er sein Geschichtsgedicht verfaßt. Oder besser: Du, wir, Hand- und Denkwerkzeuge Gottes. Du, wir, Klangkörper seiner Visionen und Träume. Und die Bösen? Fragst du auch nach dir? Gott leidet am Bösen. Mehr brauchen wir nicht zu wissen, um zeitlebens beschäftigt zu sein, das Gute gelingen zu lassen. Und die Frage aufzuheben für dermaleinst.

24. Oktober

Wir sind von Erde genommen, haben Millionen Jahre Raubtiergeschichte in den Chromosomen. Wir sind mißtrauisch, sicherheitsbesessen, furchtsam gegen Fremde, machtgeil, stolz; wollen nicht bitten, sondern kaufen können. Wir denken gering von uns und noch geringer von andern. So überlassen wir Gott, ersatzweise den Weltmächten, die Verantwortung fürs Ganze und sehen uns selber freigestellt für unser Privatglück, voll ausgelastet, uns und die Familie durchzubringen und etwas vom Leben zu haben. Es ist fast ein Gottesbeweis, daß wir noch leben und Spuren von Liebe gelingen.

25. Oktober

»Hebet eure Augen, daß ihr wahrnehmt, was geschieht!« (Joh 4,35) Soviel Wahnsinn, Machtgier, Grausamkeit und Schuld. Aber dazwischen gelingt Gemeinschaft, Hingabe und Teilen. Nicht das Leid ist das Wunder, sondern die Freude, das Lachen, die Freundschaft, die Hoffnung; auf den Ruinen die Blumen und zwischen den Feinden die Friedensstifter. Hebet eure Augen und sehet Gott am Werk in allem, was gelingt!

26. Oktober

»Die auf den Herrn harren, kriegen neue Kraft.« (Jes 40,31) Sie setzen darauf: Das Leben ist im Kern uns zugewandt, ist uns gut. Sie sehen die Wirklichkeit mit andern Augen, nicht wie ein Warenhaus, in dem sich jeder die besten Sachen rausholt, sondern Leben ist ihnen wie ein Netz, das Gott knüpft, wie ein Baum und wir die Zellen, wie ein Leib und wir die Glieder. Leben ist denen, die auf den Herrn harren, nicht eine seelenlose, geheimnislose Maschine, angetrieben von Zufällen, sondern Leben ist Schöpfung, Werk, Projekt, getrieben vom Willen Gottes, mit Spielraum für menschlichen Willen. Und so quertreiberisch unser Wille auch ist, er muß doch letztlich Gottes Mühlen treiben. Das gebe dir neue Kraft, dich einzufinden ins Gelingen.

27. Oktober

Man hat die Aufgabe der Kirche mit einem Wächteramt verglichen. Es gilt, Staat und Gesellschaft zu erinnern an ihre Verantwortung und ihre Grenzen. Sie muß mit darüber wachen, daß Machthaber ihre Macht nicht mißbrauchen. Kein System, keine Regierung, kein Mensch ist schon gut vor Gott, so wie er ist. Kirche sollte sich politischen Mächten nicht verbinden. Kirche muß helfen, daß wir die Verantwortung für Geschehenes und Zukünftiges tragen. Wir leben in einer Partnerschaft nicht nur der Lebenden, sondern auch der Gestorbenen und derer, die erst noch geboren werden sollen. Die Kirche hat kein Lehramt, das Gut und Böse bis in die Tagespolitik hinein verbindlich festlegen kann. Aber Kirche muß die Gewissen schärfen für das Notwendige. Heutige Kirche bei uns redet eher abgewogen als zugespitzt. Das hilft zur Wahrheit, aber ist leicht zu überhören.

28. Oktober

Kirche bewahrt nicht Asche, sondern hält ein Feuer am Brennen. Eben das Feuer der Sehnsucht nach Gemeinschaft, nach Vergebung, nach Auferstehung und heilem Leben. Und diese Flamme verlöscht, wo Kirche Selbstzweck wird. Kirche muß Kirche für andere sein

(Dietrich Bonhoeffer) – Flußbett für Lebensmut. Alle Organisation von Kirche bis hin zur Kirchensteuer muß dazu dienen, daß Menschen sich zusammenfinden und Jesu Lebensmelodie nachspielen in ihrem Alltag. Kirche, richtig verstanden, ist nicht Thermometer, das die Ideen und Grundsätze der öffentlichen Meinung anzeigt. »Kirche soll Thermostat sein, der die Temperatur einer Gesellschaft regelt mit seinem: Du kannst Gott mehr gehorchen als den Menschen.«
(Martin Luther King)

29. Oktober

Viele reden davon, daß sich die Gesellschaft aus der Kirche zurückzieht. Ist es nicht ganz anders, daß sich die Kirche aus der Gesellschaft zurückgezogen hat, daß wir Christen uns verkrochen haben? Wissen unsere Freunde noch, daß wir beten? Wissen unsere Kinder, daß wir Christen sind? Weiß es unser Chef, wissen es unsere Kollegen? Wir müssen doch zeigen, daß wir an Gott glauben in unserem Sagen und Tun. Vielleicht sind wir die einzige Bibel, die heute noch gelesen wird. Was liest man uns ab an Glaube, Liebe, Hoffnung? Wo wir Christen wirken, leben wir Kirche. Niemals bist du einfach nur privat. Du machst das Klima mit. Du machst die öffentliche Meinung auch über Kirche. »Sehend deine Taten, interessiert mich dein Glaube nicht« (Bert Brecht) – wenn das einer zu dir sagte oder von dir denkt, wäre es traurig.

30. Oktober

Die Kirche und die Dichter erinnern uns daran, daß wir eine Sehnsucht haben nach Ganzwerden mit Gott und allem Lebendigen. Darum sollen wir nicht zufrieden sein mit Mickymaus-Heften und Pommes mit Ketchup, auch nicht mit Geldverdienen und dem Feierabend vor dem Fernseher. Unsere Sehnsucht gibt uns Menschen die Würde, wir suchen gemeinsames Glück, hoffen auf Liebe, die stark ist wie der Tod. Unsere Sehnsucht ist größer, als der Quelle-Katalog Seiten hat und reicht auch weiter als die Liste der sogenannten bürgerlichen Tugenden wie Ehrlichsein und Tapfersein und gelassen werden. Such wieder Sprache, bei der Kirche, der Bibel und den Dichtern.

31. Oktober

Luther fand im dunklen Haus der Kirche den Lichtschalter wieder. Und er machte Licht: »Der Mensch wird nicht gerecht aus Gehorsamsleistung, sondern aus Glauben.« (Röm 3,28) Nicht die guten Taten, sondern Gottes gute Meinung macht gerecht. Seine Liebe macht uns ihm recht. – Wir haben nur eins zu tun: uns dieses Wohlwollen gefallen zu lassen und daraus zu leben. Tatkraft und Lebensmut entspringen aus solcher Gewißheit, Furchtlosigkeit und Güte, Verantwortungslust und Fröhlichkeit und viel Dank. »Ein Christenmensch ist ein freier Herr über alle Dinge und niemandem untertan. – Ein Christenmensch ist ein dienstbarer Knecht aller Dinge und jedermann untertan«, sagte Luther. Im Glauben, im Gewissen an Gott gebunden bist du frei, da können Konzilien sagen, was sie wollen. In der Liebe aber beugst du dich hin. Jeder in Not ist dann dein Herr, und du bist Diener. Martin Luther hat damals das Haus des Glaubens wieder hell gemacht, indem er die Mitte der Bibel fand. Aber im Haus des Glaubens leben muß jeder selbst, und jede Generation braucht ihre Reformation.

*

Herr allen Lebens, du Geheimnis der Welt, du Dunkelheit und
du Kraft der Liebe.
Du willst mit uns dein Reich bauen.
Jetzt nimm uns an als Täter und Bauleute.
Hilf uns, aus der Vergebung zu leben.
Hilf uns, zu segnen, die uns Mühe machen.
Hilf uns, uns loszureißen von denen,
die uns klein machen wollen – unwissentlich
oder wissentlich.
Herr, wir bitten dich,
öffne unsere Augen und unsere Hände,

daß wir hintragen den, der leidet,
zu neuen Möglichkeiten,
daß wir im anderen die Liebe wecken,
seinem Lebensmut wieder neue Nahrung geben.
Mach in mir glaubhaft und anfaßbar, daß
er nötig ist, küß in mir seine schlafende
Seele wach,
und nähre ihn mit Freundlichkeit,
auf daß er sich zutraue,
aufzufahren mit Flügeln wie Adler.
Herr, du willst leben in uns –
nicht bedrückt, nicht verkrümmt,
nicht verkrüppelt.
Sprenge in uns die Wände.
Leb in uns dein Leben,
schaffe in uns dein Reich
und Heim für den anderen.
Und wo wir nicht sind,
erwecke du andere hilfreiche Menschen.
Und segne die Leidenden,
daß sie die Hoffnung umsetzen
in neue Kraft – wo auch immer.

November

1. November

Heilige, gibt's die? Die katholische Kirche kennt sie mit Namen, sie hat ein Register voller Qualitätsmerkmale, die erweisen, ob ein Mensch heiliggesprochen werden kann. Und diese Versammlung vorbildlicher Menschen spornt sicher uns Durchschnittliche an zu Güte, Geduld und Verzicht. Paulus begrüßt allerdings alle Gemeindeglieder in Rom, Korinth und anderswo als Heilige. Nicht unsere hervorragenden Taten, sondern unsere Berufung macht uns heilig, also Gott zugehörig. Dann bist du auch ein Heiliger? Ja. Vielleicht zu sehr im Wartestand, zu verhalten, zu wenig entschieden, alles auf diese Karte zu setzen. Aber du zählst zur Gemeinschaft der Heiligen. Vergebung und Auferstehung zu ewigem Leben sind die Kennzeichen. Unsere Guttaten laufen hinterher.

2. November

An Gott glauben heißt nicht, zu den übrigen Wirklichkeiten noch eine Gott-Wirklichkeit dazu vorhanden wähnen, sondern: ich sehe alles in ein neues Muster geschüttelt. Nicht Tod und Schweigen allüberall, dazwischen in den Nischen ein bißchen Leben, sondern umgekehrt: Leben, Austausch, Verbundensein und zwischendrin Abschied und Tod. Nicht mitten im Leben vom Tod umgeben, sondern mitten im Tod zum Leben bestimmt, mitten in Geschäftigkeit zur Liebe, mitten im Rechten zum Vergeben.

3. November

Nimm doch die Verheißung Christi in Gebrauch: Ich bin bei euch alle Tage bis an der Welt Ende. (Mt 28,20) Bieten wir uns andern als Pfand an, für Christi Dasein. Werden wir friedfertig, verzichten wir auf die scharfen Wörter und Imponiergesten, die Gebärden des Beleidigtseins und der furchteinflößenden Kälte. Hören wir auf seine Stimme: »Ich bin bei euch!« Christus als stiller Teilhaber deiner Gedanken. Einigen Unrat wirst du lassen, aber deine Freude, deine Glücksfähigkeit werden wachsen. Du gewinnst dich richtig lieb mit ihm.

4. November

Macht und Gewalt, was sind sie anderes als Mißklänge, die Gott auflöst. In den Geschundenen läßt sich Gott schinden, weil er zur Liebe gewinnen will, auch die Schinder. Gegenwärtiges und Zukünftiges, was sind sie anderes als die Notenlinien, auf denen Gott sich einträgt als die Allesenergie. Hohes und Tiefes, unsere Glanzstücke und unsere Tragödien, unsere Guttaten und unsere Bosheiten, was sind sie andres als Kreatur, von Gott Geschöpftes; wie sollte all das uns scheiden von der Liebe Gottes. (Röm 8, 38). Das heißt gerade nicht, daß alles egal sei vor der Ewigkeit. Der Ewige will in uns Hand und Fuß und Mund und Ohr werden, wie er es in Jesus war.

5. November

Wir sind zu Gefährten Christi berufen, den Frieden zu bauen. Das ist ein langer Weg, aber wenn andere vor uns ihn nicht mitgegangen wären, dann wären wir längst ausgerottet. Die vor uns haben gelernt, auf Blutrache zu verzichten, und daß Freiheit die des Andersdenkenden einschließt. Und: weil vor Gott alle gleich sind, dürfen unsere Unterscheidungen nur Zweitrangiges betreffen. Wir sind nur Zwerge auf Schultern von Riesen. Die vor uns haben Nächstenliebe zentimeterweise in den Dschungel menschlicher Gewalt vorwärtsgetrieben. Wir ernten die Früchte. Und können weiter sehen als sie.
Bahnen wir unsern Enkeln Zukunft an?

6. November

Hilf mit, kleine Gemeinschaften zu bauen, in denen man einander verstehen will und wo man, so sagt Th. W. Adorno, sich schwach zeigen darf, ohne Gewalt zu provozieren. Wir müssen Feindschaften aufweichen. Je besser ich einen kenne, desto mehr verstehe ich, was in ihm vorgeht. Das heißt ein Stück Freundschaft anzubieten, auch wenn man sonst gern sparsam ist mit dem Wort Freundschaft.

7. November

Wozu wir Menschen berufen sind, das muß uns als Anruf erreichen, das müssen wir uns sagen lassen, das fällt uns nicht ein, das fällt in uns ein. Du, ich, wir sind dazu bestimmt, ein Schimmer von Gottes Glut zu sein, ein Funken vom Feuer seiner Liebe. Hast du dich so schon gesehen? So strahlend, so diamantenhaft leuchtend, so erhellt wagst du von dir kaum zu denken. Aber Gott sieht uns so, seine Einschätzung macht uns gut. Wenn wir sie uns nur gefallen ließen!

8. November

Du, mit wieviel Argwohn gegen dich selbst und Gott und die Welt vergiftet, du bist auch einer, zu denen Jesus sagt: Ihr seid das Licht der Welt. (Mt 5,14) Das mußt du dir sagen lassen! Du kannst nicht in den Spiegel gucken und dir auf die Schulter klopfen, kannst nicht durch Vergleich mit andern schließen: Ach, stimmt ja, Gott kann mit mir ganz zufrieden sein. Du kannst es dir nur gesagt sein lassen und dir hinter die Ohren und in die Gelüste schreiben: Gott liebt mich und Gott braucht mich, darum leb' ich. Ja, das ist ein Sprung ins Vertrauen, es ist schierer Gehorsam, aber geh den Weg ein Stück, reiß dich los aus deinem gedämpften, leidlich zufriedenen Dasein.

9. November

Die Last der Selbstverachtung und die Ketten des Hochmuts sind dir längst abgenommen, du Kind Gottes. Jetzt wach auf, der du schläfst, hör auf, dich klein zu machen, als käme es auf dich nicht an. Laß ab davon, die Schlechtigkeit der Welt zu beklagen, beende dein flaues Gewährenlassen, stopp dein folgenloses Gegrummel über schlechte Politik, dein Lamentieren über müde Kirche. Der du über die Dunkelheit schimpfst, du steck ein Licht an. Du bist Licht. Du Kind Gottes: setz dein Vertrauen auf diese Widmung, geh eine Wette ein, riskier es, dich und die Welt anders zu sehen, trau dich, skeptisch zu werden gegen deine Skepsis. Steh auf von den Toten, so wird dich Christus erleuchten. (Eph 5,14)

10. November

»Dir sind deine Sünden vergeben« (Mt 9,2) – das meint nicht das Löschen eines Schuldregisters im Jenseits, sondern jetzt hat das Geheimnis des Lebens mit dir Neues vor. Was war, das war. Aber jetzt ist ein Pflock eingeschlagen; bis hierher reicht die Macht der Vergangenheit und nicht weiter. Jetzt laß dein Erbe an Erziehung und Gewohnheit zurück. Jetzt wirst du dich im Sog der Zuneigung wiederentdecken. Jetzt wirst du zu dem, der du zu sein wünschst: Teilnehmer und Teilgeber an Verbundenheit.

11. November

Bosheit, das ist sauer gewordene Lebenskraft. Wir haben Anlagen zum Guten und Bösen in uns. Wir werden erzogen, erziehen andere. Vielleicht stimmt es ja, daß niemand freiwillig Böses tut, sondern: »Was einer tut, hat vorher ihm ein anderer getan.« Zum Unkraut wird man nicht geboren, zum Unkraut wird man gemacht. Und Bosheit ist fehlgeleitete Lebenskraft. Vielleicht ist sie noch zu entgiften. Wenn ich mich dem anderen widme, mich ihm aussetze, dann sehe ich am Lichtvollen die Schattenseiten und an dem Bösen sein Gutes. »Bruder Eichmann« heißt ein Theaterstück, das vom Innenleben des Judenvernichters handelt. Beängstigend verwandt sind Kain und Abel.

12. November

Nirgends ist der Mensch so viel Mensch, als wenn er sich schämt, sagt Brecht. Wer sich schämt, hält fest, daß er mehr ist als diese seine gemeine Tat. Und hält fest, daß er schuldig ist, aber der Vergebung bedürftig und der Buße fähig ist. Er weint um sich selbst. Wer bitterlich weint und bereut, der nimmt die Verheißung Gottes in Anspruch, daß wir Heilwerdende sind, Geheiltwerdende: Ich Schuldner bin noch daran, zu erstehen. Irgendwann muß uns das Entsetzen erreichen, sonst gibt es kein Weiter. Wieviel Hähne krähten uns vergeblich. Wieviel Alarmpfeifen: »So nie mehr«, haben wir wieder vergessen. Petrus aber weinte bitterlich. (Mt 26,75)

13. November

Warum machen wir andere gerne mies? Wohl, weil wir uns für mies halten. Ich schaffe mein Pensum nicht, also zeihe ich den, der seins schafft, der krummen Wege. Ich habe die Eltern nicht besucht, die Schwester aber ist oft da, also spekuliert sie auf Bares. Ich war nicht zur Kirche, der Nachbar aber rafft sich auf. Also weiß er mit seiner Zeit nichts anzufangen. Ich unterschiebe den andern schlechte Gründe, damit ich nicht unterlegen bin. Ich mache klein, damit ich im Vergleich bestehen kann. Wir sehen uns wohl doch vor einem überirdischen Zensurengeber stehen, dem wir einflüstern, der andre habe geschummelt. – Das Liebesgebot Jesu hat uns noch nicht erreicht. Innen treiben uns noch immer Gespenster zum Bessersein-müssen.

14. November

Der Gott Jesu könnte uns losketten vom Besserseinmüssen, diesem Alptraum der Selbstzerfleischung und Gehässigkeit. Wenn ich Jesus seinen Gott glaube, der sagt: »Was mein ist, ist dein« (Lk 15,31), dann kann ich ich sein und kann den andern doch anders sein lassen. Ich muß nicht mehr vergleichen, weil Gott nicht vergleicht. Er gibt, was ich brauche, wenn ich es nur annehme. Gestatte dir die Gewißheit: Gott hat dich lieb und braucht dich, gerade dich, so, mit deinem Vermögen und Versagen. Du mußt keinen mehr ins schlechte Bild rücken. Du kannst jeden »entschuldigen, Gutes von ihm reden und alles zum besten kehren«. (Martin Luther) Du kannst Fürsprecher werden für deinen Nächsten und dich mitfreuen an seinen guten Seiten.

15. November

Trotz Bosheit und Tod und Teufel will ich Jesus nach Gott glauben, will diesem Gott das Vertrauen glauben. Das Netz des Vertrauens gehört Gott, und so viele Löcher dieses Netz auch hat, und so viele Löcher wir auch mutwillig oder fahrlässig hineinschlagen, Jesus nach will ich glauben, daß dieses Netz nicht reißt. Und der verläßliche Gott, der seiner Schöpfung, Bosheit, Tod und Teufel inklusive, Heimat schafft, der hat sich der Menschheit eingeprägt. Nicht wir haben uns Gott eingebildet, sondern, so hoffe ich, Gott hat sich uns eingebildet. Wegen ihm ist unsere Sehnsucht nach Vertrauen realistisch und schließt auch uns Mißtrauische ein – mehr, als wir es wissen.

16. November

Adam wälzte Schuld ab: »Die Frau, die du Gott mir zugesellt hast, gab mir von dem Baum, und ich aß.« (1 Ms 3,12) Wir sprechen nicht so direkt Gott schuldig für das, was wir falsch machen. Aber meinen wir nicht dasselbe, wenn wir sagen: »Die Umstände sind schuld. Das Erbgut ist schuld, die Gesellschaft ist schuld.« Ganz allein ist keiner schuld. Und doch, wer Mensch bleiben will, muß letztlich sagen: »Und ich aß.« Untat bleibt meine Untat. Das ist eines der Leiden, die wir, erwachsen geworden, tragen müssen: Wir werden schuldig. Wir wissen, was Liebe vermag und geizen mit der Liebe. Wir wissen, was das Leben fördert; statt dessen fördern wir uns selbst und verlieren das Ganze aus den Augen. Wir wissen, was wir anrichten. Das ehrt uns. Das ist unsere Würde.

17. November

Gewissen ist ein schwieriges Wort. Abgeordnete werden darauf verpflichtet, Kriegsdienstverweigerer berufen sich darauf. Lehrer sprechen von gewissenhaften Schülern, Kommentare von gewissenlosen Geschäftemachern. Wir haben ein gutes oder schlechtes Gewissen. Wir machen uns ein Gewissen aus vielem, wir spüren Gewissensbisse. Das Gewissen ist so etwas wie ein Ort in uns. Eine Art Gerichtssaal in unserem Gehirn mit vielen Stimmen, die sich gegenseitig anklagen und verteidigen. Diese Stimmen fragen nach mir: »Wer bist du? Was willst du wirklich?« In diesem Gerichtssaal streiten Teile von uns. Da kämpfen verschiedene Wünsche. Meine Triebe wollen Bequemlichkeit, Wärme, Anerkennung. Andere Stimmen reden wie Vater und Mutter: Du sollst, du mußt, das gehört sich nicht, du darfst nicht! Wieder andre

Stimmen sagen: Tu, was du als gut erkannt hast, und andre verklagen dich: Du Schwächling, du tust ja nicht, was du für gut hältst. Die Stimmen kommen kaum zur Ruhe in uns. Auch wenn wir eine Entscheidung getroffen haben, geht oft noch die Diskussion weiter. In diesem Gewissens-Gerichtssaal, im Kopf, da ist einer dabei, der mich hört, und das bin nicht ich, sondern das ist ein andrer, eine leise Stimme, die mir verrät, daß jemand herschaut. Und wenn der Schauende dir klar bleibt, wirst du nicht im Stimmengewirr ertränkt. Und du tust, was du mußt.

18. November

Wir haben Angst vor Schicksalsschlägen. Um sie abzuwehren, sorgen wir vor. Wir schließen Versicherungen ab. Zwanzig Policen bedient jeder Bundesbürger im Schnitt. Alle möglichen Risiken wollen wir ausschalten und so den Spielraum erweitern, in welchem wir gefahrlos leben können nach dem Leitspruch: Jeder ist seines Glückes Schmied. Wir behaupten, Glück habe auf Dauer nur der Tüchtige, und wir bemühen uns, vernünftig zu leben, und dem andren geben wir den trostlosen Segen dieser Tage mit: »Paß auf dich auf.« Insgeheim setzen wir auf unsere eigene Lebenskraft, auf unser eigenes Vermögen und Können. Wir glauben nicht mehr an Verhängnis und Schicksal, sondern an Selbstgemachtes, Eingebrocktes, rechnen mit kalkulierbaren Wirkungen, nicht mehr mit Fügungen. Wir hoffen insgeheim, daß wir so leben, wie wir es verdienen, und daß es uns so geht, wie wir handeln. Aber die Rechnung geht nicht auf. Irgendwann stehen wir mit leeren Händen da und schreien oder flüstern: »Gott sei mir Sünder gnädig.« (Lk 18,13)

19. November

Viele leben in einer grotesken Gewißheit, der Triumph des Bösen in der Welt sei schon erwiesen. »Sie gießen einen Tintenklecks über das Heft des ganzen Daseins und breiten ihn aus, damit die Welt insgesamt kohlschwarz aussehe und kein Prüfer den Nachtmacher zur Rechenschaft ziehe.« (Ernst Bloch) Und sie sagen zu andern, die für eine bes-

sere Zukunft eintreten: »Gib's auf, gib's auf.« Christlicher Glaube gebietet eine ganz andre Sicht der Dinge: »Christus wird kommen, zu richten die Lebenden und die Toten.« Also kein ewiges Weiterlaufen irgendeiner Entwicklung, kein dauerndes Kommen und Gehen, kein »Verdammt in alle Ewigkeit zu Geborenwerden und Sterben«. Sondern angezeigt ist das Ende der Geschichte. Wenn Gott mit seiner Mühe fertig ist, wird er seine Ernte einbringen. Und wird das »Unverwundbare/Unbegrabbare« von uns vor sich rufen
und sein Reich mit uns teilen.

20. November

Was das »Unverwundbare, Unbegrabbare« an uns ist, weiß ich nicht. Wenn meinem Ich das Bewußtsein ausgeblasen ist und mein Gehirn zerfällt – wer ich dann bin, wenn alle chemisch-physikalischen Träger für Bewußtsein aufgelöst sind –, ich weiß es nicht. Aber ich glaube, daß Gott mich weiß. Und das ist möglicherweise die reine Gegenwart,
von Angesicht zu Angesicht.

21. November

Gericht halten wird nicht ein Machthaber-Gott, mit Schwert und verbundenen Augen und einer Waage, die unbestechlich prüft und verwirft, sondern der Gott mit dem brennenden Herzen. Nicht ein mechanisch funktionierendes Ausgleichsamt steht uns bevor, nicht die Greuelvisionen mittelalterlicher Gemälde – sondern der ruft uns vor sich, der uns heimruft und heimholt. Ich wage dem Jesus nachzuglauben, der uns zur Feindesliebe aufrief und sie uns zutraut. – »Wie sollte im Jüngsten Gericht von Feindesliebe nicht mehr die Rede sein?« – Ein jüdisches Gebet aus einem deutschen KZ deutet die Richtung an: »Friede sei den Menschen, die bösen Willens sind, und ein Ende sei gesetzt aller Rache und allem Reden von Strafe und Züchtigung. Aller Maßstäbe spotten die Greueltaten und der Blutzeugen sind gar viele. Darum o Gott, wäge nicht mit der Waage der Gerechtigkeit ihre Leiden, daß du sie ihren Henkern zurechnest, sondern laß es anders gelten, schreibe vielmehr allen schlechten Menschen zugut und rechne ihnen an all den Mut der anderen, ihre hochgesinnte Würde, die Hoffnung, die sich nicht besiegt gab und das tapfere Lächeln, das die Tränen versiegen ließ; all die durchpflügten, gequälten Herzen, all das mein Gott soll zählen und nicht das Böse, daß wieder Friede werde auf dieser Erde über den Menschen, die guten Willens sind und daß der Friede auch über die anderen komme.«

22. November

Wenn das Jüngste Gericht die Mörder der Menschheit nicht auf immer höllisch bestraft, was dann? Wenn Gottes Güte die Oberhand behält und keinen endgültig verdammt, nehmen wir dann noch unsere Verantwortlichkeit ernst? Nehmen wir das Gewicht der Sünde auf die leichte Schulter, kalkulieren auf die Güte Gottes (»Vergeben ist sein Metier«)? Das wäre infam. Doch mit Furcht und Zittern dürfen wir hoffen, daß sowohl des Menschen Verantwortung als auch die Sünde mit zu dem zählt, was uns nicht scheiden kann von der Liebe Gottes. (Röm 8,38)

23. November

Mit Christi Stimme im Gewissen können wir auch die Triebansprüche neu gewichten. Wenn sie uns letztlich gegeben sind, um Verbundenheit zu schaffen, dann könnte unsere Aggression verwandelt werden in Lust zu Kommunikation. Und unsere vielleicht streunenwollende Geschlechtlichkeit könnte verwandelt werden in Freundlichkeit zu allem Lebendigen. Und unsere Machtwünsche, sie könnten verwandelt werden zu Verantwortungslust. Und unsere Besitzwünsche könnten verwandelt werden in den Fleiß, auch anderen nützlich zu sein. Mit Christi Stimme im Gewissen haben wir einen Vertrauten gegen die Ansprüche aus angelernten Befehlen und gegen die Triebe, die überfluten und wegreißen. Wir haben sogar einen Vertrauten, der uns die Zehn Gebote auslegt als befreiende Regel fürs Zusammenleben – und nicht als Zwangsjacke.

24. November

Ganz gewiß ist der Tod nicht das letzte Wort Gottes an uns. Die Liebe, die Gott ist, lebt und gedeiht und entfaltet sich in uns. Und sinken auch unsere Körper einmal zurück zum Staub; der in uns lebte, der unser Ich formte im Laufe der Jahre, der will seine Zukunft mit uns teilen.

Darum hab keine Angst vor dem Sterben. Wir sterben
ins Zentrum des Lebens.

25. November

Wenn du dich als beschenkt erlebst, du also gewiß glaubst, daß Gott dir so viel geliehen und zugeschanzt hat, dann wirst du auch leichter loslassen, dann wirst du sogar irgendwann dich loslassen können und dankbar sterben. Den Rhythmus hätten wir wiedergefunden, wenn wir Gott vertrauen, der verschwenderisch viel gibt und nimmt, und darin gut ist und der Liebhaber des Lebens. Dann würden wir freigelassen aus der verkniffenen, harten Halte-was-du-hast-Gesinnung, die ja einem Mißtrauen entspricht, als wäre Gott einer, dem man das Glück abzwingen, ablisten müßte. Wir würden auch frei von einer Weltverachtung, die sich sagt: Es lohnt sich ja sowieso alles nicht! Am besten, man wird bedürfnislos! Denn diese Weltverachtung glaubt an einen Gott, der das Nichts ist, dem dann auch Magersucht und Asketentum entsprechen. Wenn du dich als beschenkt erlebst – und das passiert dir oft –, wenn du bemerkst, wie unverdient viel dir verliehen ist – doch, das stößt dir oftmals auf: dann wirst du auch abgeben von deinen Wohltaten, schon aus Dankbarkeit. Und du wirst irgendwann loslassen können Besitz und Einfluß, wirst dich selbst loslassen können und

dich Gott überlassen. Sorg dich nicht so viel,
besorg den heutigen Tag!

26. November

Wir Glücklichen! Wir dürfen glauben, daß Jesus von den Toten auferweckt ist. Sein Tod und alle unsere Tode sind nicht Punkt und aus und vorbei, sondern Doppelpunkt: Was war, ist gut für weiteres. Die Zukunft hat erst begonnen. Wir dürfen Jesus glauben als Modell für das, was es mit dem Leben auf sich hat. Auch, daß Nächstenliebe die Richtung für unser Handeln zeigt; aber noch wichtiger, gründlicher ist dies: Das Leben – eine unendliche Geschichte. Der sie betreibt, gibt nichts und niemanden verloren. Alles Ende ist Anfang, auch Sterben ist Werden, auch Verblühen ist Wachsen. Nie werden wir zerstört – wir werden verwandelt. Wir verlieren uns aus den Augen, aber wir werden gefunden von ihm, dem Täter des Lebens. Voneinander müssen wir weggehen zu gegebener Zeit – aber wir gehen zum Vater, zur Mutter des Lebens, werden heimgeholt ins Geheimnis der Welt.

27. November

Der Selbstmörder verneint nicht von vornherein das Leben, die Hoffnung, Gott. Er verneint nur diese Bedingungen, diese hiesigen Bedingungen. Wer sich das Leben nimmt, der will in ein anderes hineinkriechen. Er will heimkehren, er will sich endgültig abschütteln und heimfinden. Und doch, wer Hand an sich legt, hat noch nicht an alle Türen geklopft, nicht alle Zuneigung ausgegeben, nicht genug Bäume gepflanzt.

28. November

Sollen wir eigentlich den zum Tode Verzweifelten überreden, seine Verzweiflung noch länger zu tragen? Was ich kann, das ist, daß ich mich an ihn hänge, daß ich ihn schwer mache, daß er nicht wegfliegt, daß ich ihm sage: »Ich kann dich leiden, und du wirst gebraucht, hier, ich zeig dir einen, der dich braucht.« Jeder Kampf um einen, der das Leben loslassen will, ist ja ein Kampf um mich selber. Ich kämpfe mit dem andern um gemeinsamen Lebenssinn. Auch hilfsbedürftig wirst du gebraucht, um die Wohltaten hervorzulocken.

29. November

Im Kampf mit dem, der gehen will, suche ich auch meinen Lebenswillen zu bestärken. Aber wenn er den »Seelenkrebs« hat – ein Wort von einem, der sich das Leben nahm –, ist das innigstes Problem zwischen Gott und diesem Menschen. Und mancher ist gestorben mit der Gewißheit: »Gott wird mich verstehen.« Aber allemal tapferer – das ist gesagt gegen dieses schreckliche Wort: »Selbstmord ist das Tor des Tapferen« – allemal tapferer ist, die eingeräumte Zeit zu nutzen.

30. November

Herr allen Lebens.
Ich hoffe auf dich,
hoffe, dir zu gehören. Weil du mich hältst,
halte ich dich fest.
Für das, was war, danke ich,
für das, was ist, erbitte ich die Kraft,
liebend und mitleidend teilzunehmen;
für das, was wird, hoffe ich auf Versöhnung aller Dinge.
Herr, du hast mich angesteckt mit der Sehnsucht
nach Frieden und Freundlichkeit.
Ich will nicht mit den Händen im Schoß warten,
bis du dein Reich fertig hast, ich will dein Mitarbeiter sein.
Meine Sehnsucht soll mich treiben, dir den Weg zu bereiten.
Ich will Freundlichkeit geben dem, der sie braucht,
will den Unglücklichen aufrichten,
mit dem Bedürftigen teilen.
Was mir Gutes gelingt, das laß den anderen zum Samen der Hoffnung werden.
Und was mir mißlingt, befehle ich in deine Hände.
Hoffend lebe ich. Mit Hoffnung laß mich einst sterben.

Dezember

1. Dezember

Advent! Ich hoffe für alle Menschen, daß Jesus Christus uns erreicht, uns ansteckt mit seiner Lebenskraft, uns Augen öffnet und Ohren, die Zunge löst, uns Einblick verschafft in ewiges Leben, mitten im Alltag. Manche haben Jesus Christus als Retter erfahren. Sie sind verpflichtet, Jesus als Retter auszurufen – wie damals vor 2000 Jahren. Die damals den Weg säumten, als er in Jerusalem einzog, riefen: »Hosianna, der König kommt.« Das Wort »König« kommt von »können«. Er verknüpft die Verfeindeten, er bringt die Sprachlosen zum Reden. Er läßt sich beschenken und gibt mit vollen Händen. Bei ihm Leben lernen, das brächte Advent in mein Dunkel.

2. Dezember

Wir alle haben die gleiche Sehnsucht nach Gott und wollen gut sein, wollen geliebt werden und lieben. Der Mensch, der Mitmensch, der Nächste ist uns ein kleiner Ankerplatz für unsere Unruhe bei der Suche nach Gott. Wir alle wollen gemocht werden, wollen verstanden und gebraucht werden, wir wollen nicht stehengelassen werden, nicht liegengelassen und verachtet sein. Wir alle sind Bruchstücke Gottessehnsucht.

3. Dezember

In Sternstunden finden wir uns im andern wieder. Liebe gelingt in uns: Als Barmherzigkeit oder Fürsorge, als Kameradschaft, als Umarmung, als klärendes Gespräch, als Hilfe oder Freundschaft. Da hilft einer dem andern bei den Hausaufgaben. Einer hilft beim Fahrradflikken, einer besucht den andern im Krankenhaus, einer verhindert Gewalt, einer streichelt dem andern die Angst weg. Milliardenfach gelingt Liebe, auch zwischen fremden Menschen, und jedesmal ereignet sich dann Gottes Lieben durch Menschen hindurch. Wir tun einander die Liebe Gottes, aber bleiben auch sein Lieben schuldig.

4. Dezember

Was wir so oberflächlich für ganz selbstverständlich halten, das ist unschätzbar, wunderbar. Du kannst sprechen, hören, sehen, laufen, riechen, tasten, lachen, weinen, trauern – ja, auch das ist eine Gabe, daß wir Menschen trauern können, wenn uns Menschen so wichtig waren, daß wir sie schmerzlich vermissen. – Trauern, trösten, streicheln, schenken, mich freuen, Schönheit genießen, Böses tun und Schmerz zufügen, Gutes tun und erfreuen. Du kannst spielen und arbeiten, feiern und schuften, kannst etwas verändern, kannst kochen und ernähren, es wohnlich machen. Du kannst Mühe ertragen, Schmerz aushalten, kannst dich für Sinnvolles einsetzen, kannst vergeben und um Vergebung bitten. Du kannst danken und bitten und klagen, kannst dich erinnern und hoffen, kannst lernen und lehren, kannst nehmen und geben, kannst dich ändern. Auf deine Weise, deinem Alter, deiner Erfahrung gemäß. Und kannst denken, kannst erkennen, wie unsagbar beschenkt du bist.

5. Dezember

Aus Wunderbarkeiten ist der Kosmos geflochten. Tausend Unwägbarkeiten fügt Gott zur Balance des Lebendigen. Sicher – wir haben nur eine kurze Spanne Zeit. Unsere Kräfte blühen auf und schwinden, unsere Neigungen sind unstet, unsere Sympathie ist begrenzt, unser Hoffen ist ungeduldig, zu wünschen bleibt viel. Aber das Mögliche ist unermeßlich groß, die Realitäten lassen Spielraum, den wir ja gar nicht ausschöpfen. Das Wunder ist, leben zu dürfen. Das Normale – ein Blick in den Kosmos genügt, ist Kälte und Tod und Vergessen.

6. Dezember

Jesus hat Gott zur Welt gebracht. Er tat auf Erden jetzt, was andere von Gott im Himmel dann erwarten. Was Gott selbst vorbehalten schien, das lebte er; er vergab und schuf Schuldigen einen neuen Anfang, er heilte und widersprach damit der Theorie, daß die Mühseligen und Beladenen selber schuld seien. Er warb und wirbt um uns, daß wir der Liebe Raum geben.

7. Dezember

Jesus, »der zauberhafte Mensch« (Max Frisch) stellt sich der versammelten Lieblosigkeit von Staat und Kirche. Er unterwirft sich den Folgen einer kaputten Gottesvorstellung. Er zieht sich nicht zurück ins Private, wird nicht zynisch gegen seine Widersacher. Er hält von ihnen mehr als sie von sich selbst. Er hält sich hin, auch noch, als seine Widersacher ihn unglaubwürdig schlugen. Sie richteten ihn so zu, daß sie ihn als »von Gott gestraft« halten konnten, und so stellten sie ihr Gewissen still und brauchten nicht zu wissen, was sie tun. Jesus, der wahrhaft glückliche Mensch, konnte die Menschen leiden. Er bringt uns bei: Wer einen leiden kann, der leidet mit ihm, an ihm, für ihn. Und manches muß getragen werden, damit es vorübergeht (Dietrich Bonhoeffer).

8. Dezember

Warum wir den Kerzenschein so mögen? Wir empfangen Wärme und Geborgenheit. In Kerzen flackert ein Stück Sonnenkraft, also Gottes Energie. Insgeheim aber sind sie kleine Propheten: Du Mensch – ein Kerzlein, ein Lichtschein von Gottes Liebe! Du bist als Lichtblick gedacht, Mensch. Darum bist du ja glücklich, einig mit deiner Bestimmung, wenn du mit Menschen und für sie lebst.

9. Dezember

Eine blühende Erde und Liebe unter den Menschen ist nicht die einzige Hoffnung der Christen. Wir hoffen auch für die Toten. Aber gerade wenn wir über den Tod hinaus hoffen, muß mich das hin zur Erde beugen, zum Lebendigen. Ich darf nicht Tod produzieren, wenn ich Gott für den Quell des Lebens halte. Dies leben uns die Buddhisten bestechend vor mit der bedrohlichen Aussage der Seelenwanderung:

Wenn du ein Tier hast leiden lassen, mußt du zum Tier werden. Ich hoffe, daß diese Aussicht nicht die Realität Gottes ist, und dennoch ist sie wahrer als unsere Methode, auf ewiges Leben zu hoffen und hier wie Wüstlinge zu hantieren. Wann immer einer sagt, uns könne das Hier egal sein, weil unsere Heimat anderswo sei, der begeht die Sünde wider den Heiligen Geist. Er gibt vor, an Gott zu glauben, und schneidet ihm dauernd ins Gewebe.

10. Dezember

Die Ähnlichkeit zwischen Gott und Mensch, an Jesus abgelesen, liegt in der Spannkraft aufeinander zu. Jesus lebt dieses Verbundensein allem und jedem, ohne von etwas abhängig zu sein. Jesus lebt die Liebe. Er tut, was Gott, dem Nächsten und ihm selbst entspricht. Wo immer du bist – wenn du da bist, ist da ein Schimmer von Gottes Liebe und Hoffnung und von Gottes Kraft da. Scherben von Gottes Ganzsein, von Gottes Güte sind wir, verklebt mit viel Unrat. Und doch mit Verheißung. »Ihr seid der Tempel Gottes«, sagt Paulus (1. Kor 6, 19) und benennt unüberbietbar auch deine Würde.

11. Dezember

Ich soll nicht wünschen, daß meine Erbärmlichkeiten verschwinden, ich will die Gnade erbitten, die sie verwandelt, sagt Simone Weil. Alle Erbärmlichkeiten, alle Dunkelheiten sind ja klumpig gewordene, irregeleitete Lebenskraft. Jeder Mensch will gut sein, will Weizen werden, nährend und hilfreich. Jeder erleidet sich, der sich verausgabt an Verachtungswut. Wir sind noch nicht verloren. Was an dir noch unfruchtbar und kalt und zerstörend und neidend und verängstigend ist, soll noch verwandelt werden. Noch ist Zeit des Wachsens, noch ist nicht Zeit der Ernte.

12. Dezember

Wenn Gott sich aus Steinen Kinder erwecken kann (Mt 3,9), dann kann er auch in Steinen oder Aufklebern predigen. Ein Spruch ist sehr berühmt geworden: Make love not war. »Love« nicht als oberflächliche Körperberührung gemeint, sondern: Liebe deinen Nächsten, statt Krieg mit ihm zu machen. Das ist die Summe des Willens Gottes.

13. Dezember

Joseph Haydn kniete noch neben seinem Klavier nieder, bevor er zu spielen begann. Ein Arzt wird heute nicht mehr neben seinem Röntgenapparat knien. Aber daß er erkennen kann, dafür wird er danken, wenn er versteht.

14. Dezember

Du tust dir Unrecht, dich nur als Verlierer zu sehen. Und du tust Gott Unrecht. Er liebt dich, er hat dich ja erfunden. Er will in dir Frucht bringen, Früchte der Freude und der Liebe und der Freundlichkeit. Du bist nicht der Ernter deines Lebens. Du bist mal Sämann, mal Saatgut, mal gutes und schlechtes Land, aber die Ernte bringst nicht du ein. In der Kosten-Nutzen-Rechnung des Lebens stehst du auf einem anderen Blatt als deine privaten Rechnungen es ergeben. Der Tod bringt uns alle auf einen Nenner: »Wir sind Bettler, das ist wahr.«
(Martin Luther)

15. Dezember

Es kommt darauf an, Gott seinen Advent zuzutrauen. Advent ist ja aus dem Lateinischen und heißt: Ankunft. Er kommt. Er kommt zum Weltgerichte endgültig letztlich, wenn das Reich Gottes aufgerichtet, angerichtet, das Leben fertig ist. Aber er kommt auch jetzt. Er kommt heute und lockt dich. »Sei fröhlich in Hoffnung, geduldig in Trübsal, fest im Gebet.« (Röm 12,12) Dies gute Trio als Maß – und du kannst Berge versetzen.

16. Dezember

Es gibt viele gute Bilder für menschliches Leben: »Sehet die Vögel, die Blumen, die Bäume, die Kinder«, sagt Jesus. Aber das Bild des wahren, des gottverbundenen Menschen ist mir Jesus selbst. Wünsch dir, daß sein Bild in dir klarer wird und du ihm ähnlicher!

17. Dezember

Kinder der Sehnsucht Gottes nach sich selbst – das sind wir. Darum greift Jesus auch so hoch, wenn er unser Wesen beschreibt: »Seid vollkommen, werdet ganz, wie es euer himmlischer Vater auch ist.« (Mt 5,48) Das ist keine moralische Forderung, sondern Hinweis, wohin wir gehören. Nicht selbstgefällige Eigenbrötler sind wir, sondern Teile der Ganzheit Gottes. In glücklichen Augenblicken geht uns dieses Zugehören auf: wenn fremde Tränen dich rühren oder einer dich mit deinen Siebensachen verläßt. Oder wenn du Heilig Abend die Weihnachtsgeschichte hören wirst. Auch für mich geschehen – dies wirst du schmecken und fühlen.

18. Dezember

Die Pakete sind endlich zur Post. Die Geschenke gekauft, der Baum besorgt. Eigenartig, wieviel Mühe die Freude macht. Manche enteilen auf südliche Inseln, wollen Weihnachten nicht feiern. Und doch suchen sie in der Bar einen Christbaum und werden am 24. »Stille Nacht« singen. Oder Sehnsucht danach haben. Weihnachten ist in unsere Seelen eingebrannt als köstlicher Tag. So viel empfangene Liebe heftet sich in Erinnerung an dieses Fest, und der Wunsch nach Frieden drängt sich uns auf, mehr denn je.

19. Dezember

Lachen macht schön! Wer den andern anlacht, der schmückt sich für ihn und sagt: Ich mag dich, trotz allem bist du liebenswert. Gerade wenn man niedergedrückt ist, dann kann man sich am wenigsten leiden, dann muß man unleidlich sein und muß seinen Ärger loswerden – am besten am andern. Aber wenn der einen versöhnlich anlacht, freundlich mit mir redet und das Ärgerliche aufsaugt, dann passiert Weihnachtliches, mitten im kalten Winter der Beziehungen.

20. Dezember

Einem Menschen zulachen, das heißt doch, ihm Hoffnung geben, ihn im Glanz seiner unentdeckten Möglichkeiten sehen. Lachen zieht in die Zukunft, wie uns die Mutter in die Zukunft gezogen hat. Sie bettete uns in Vertrauen mit ihrem Lachen. Sie entwickelte, sie wickelte unsere Fähigkeit aus, zurückzulachen. Und vielleicht war das das allererste Erfolgserlebnis, das wir hatten, daß wir Menschen zum Lachen bringen können. Ich kann sie zum Einverständnis locken. Ich kann sie verstehen, und sie verstehen mich – vor allen Worten. Betrachte mal Darstellungen von Maria und dem Kind in der Krippe. Ein Hauch von Lachen ist um Marias Angesicht, ein wissendes, ganz unängstliches, ein geborgenes und bergendes Lächeln.

21. Dezember

Weiser werden – das heißt auch fröhlicher werden und verwundbarer und staunender; staunend vor allem, was trotz Schuld und Versagen gelingt; und dankbar, immer dankbarer werden, nichts mehr selbstverständlich nehmen, nichts mehr. Wahrnehmen, daß wir von Gnade leben, das macht fröhlich in Hoffnung. Und ganz schlicht spornt es an, in den nächsten Tagen festlich liebevoll mit Menschen beieinander zu sein.

22. Dezember

Wenn ich meinen Lebenshorizont beschreibe, dann kann der weit sein oder kärglich eng. Es kommt darauf an, wo der Zirkel für meinen Lebensbogen aufsitzt. Wenn der Zirkelfuß eingepiekt ist bei meinen Wünschen und meinen Ängsten und Hoffnungen, dann wird es ein ganz kleiner Lebenshorizont. Groß wird er, wenn wir unseren Zirkel einpieken da am Stall von Bethlehem, und das Kind in der Krippe als den ruhenden Pol für unser Leben nehmen. Wenn wir uns verstehen unter dem Verheißungsbogen, der in Jesu Geburt geschlagen worden ist, dann bleibe ich nicht allein mit meinen Wünschen und Ängsten und Hoffnungen, sondern ich gehe noch mal nach Bethlehem, gehe mit den Hirten, gehe zu Jesus, um gewahr zu werden, was Sache ist mit der Welt. Ich will wieder Maß nehmen an Gottes Realität, um dann auch meine Ängste und Wünsche realistischer einzuschätzen, und den Dingen den richtigen Platz anzuweisen. Weihnachten kann ich meine Wünsche neu einüben an diesem Kind in der Krippe.

23. Dezember

»Morgen, Kinder, wird's was geben.« Wie waren wir einstmals gespannt. Alles Glück der Erde häufte sich hinter der Tür, und das Schlüsselloch war verhängt. Damals in der Kindheit sind uns die Bilder vom Glück gemalt worden. Und wir zehren noch heute davon, viele Jahre später. Und Stern und Krippe, Hirten und Engel, Maria und Josef, vor allem das Kind, sie bilden die Muster in unserer Seele, daß es noch Ausweg gibt für uns Schwierige.

24. Dezember

Wir alle haben Heimweh nach froher Botschaft, wir sehnen uns nach einem Zipfel von dieser großen Freude, wir in unserer Angst. Das gilt auch dir: Fürchtet euch nicht, euch ist der Heiland geboren. Der erhellt das Dunkel, der macht Wege sichtbar in der Gefahr. Mit diesem Jesus als Sonne im Gedächtnis wirst du nicht auf Sinnlosigkeit setzen. Insgeheim glaubst du dich als eine Perle an Gottes Hals, unverlierbar, glaubst es zu Recht. Denn mit diesem Jesus ruft der Liebhaber des Lebens seine Macht aus. »Es wird nicht dunkel bleiben über denen, die in Angst sind.« (Jes 8,23)

25. Dezember

Da in dem Krippenkind verquickt sich Gott mit seiner Welt. Handgreiflich macht er publik, daß er seine Erde nicht platzen läßt, seine Menschheit nicht zum Teufel schickt, sondern: Er zieht auf die Erde, er wird Mensch und lebt das Leben der Menschheit mit. Er leidet an uns, er liebt in uns und erleuchtet uns mit seinem heiligen Geist. Er entwickelt uns zu Schattierungen seines Ichs. Gott steckt uns an mit seinem Trachten nach Liebe und Hoffen. In Jesu Geburt hat Gott angefangen, uns eine neue Sprache beizubringen: die Sprache der Menschlichkeit, die Sprache der Brüder und Schwestern, die Sprache der Freundschaft.

26. Dezember

Wenn wir ein Bild malen sollten vom mühevollen und verheißungsvollen Leben, welches paßte besser? Kein anderes hat sich tiefer in unsere Seele geprägt als dies Kind in der Krippe, und wir sind die Schauenden. Aber wir brauchen immer wieder Engel, Offenbarer, die uns das innere Auge öffnen für die Wahrheit. Nicht in Glanz und Gloria liegt der Sinn, nicht in Herrschaft und Zwingenkönnen, nicht in Sicherheit und Besitz ist das Heil, sondern der Zuneigung bedürfen wie dieses Kind, der Zuneigung fähig sein wie die Schauenden, das erzählt den Sinn des Lebens.

27. Dezember

Gott, das Herz aller Dinge, liegt offen in diesem Kind Jesus. Der Sinn der Welt, Gott genannt, liegt in diesem Kind bloß: Liebe, Barmherzigkeit ist das Höchste, der Höchste. Und das macht uns zum Ebenbild Gottes, daß wir bedürftig und fähig und würdig der Liebe sind. Wir sind alle Splitter seiner Sehnsucht nach Verbundenheit. Warum leben wir diese Neigung nicht aus?

28. Dezember

Hoffen ist etwas Wichtiges erwarten, es wünschen, es planen, es ersehnen. Forscher und Liebende könnten nicht finden, wenn sie nicht suchten, sie könnten nicht suchen, wenn sie nicht zu finden hofften. Wir träfen keine Verabredungen, führen nicht in Urlaub, gingen nicht zur Arbeit, wenn wir nicht hofften, daß es gut für uns wäre. Kinder kämen nicht zur Welt, wenn Eltern nicht hofften, daß diese einmal Ja sagen zu ihrem Leben. Hoffnung ist der Stoff, aus dem unsere Seelen gemacht sind (Gabriel Marcel). Wer keine Hoffnung hat, der erstickt an der Gegenwart.

29. Dezember

»Nach uns wird kommen – nichts Nennenswertes.« Dieses Wort von Bert Brecht, der sonst so viel Veränderung in die Zukunft hin betrieb, es könnte den Leitspruch abgeben für alle, deren Horizont bei ihrem eigenen Wohlergehen endet. Doch ist vielleicht, was nach uns kommen wird, das Nennenswertere, gemäß dem Wort von Ernst Bloch: »Nicht was ist, ist schon wahr, sondern was wird, ist wahr.« Alles ist im Fluß. Alles Wesentliche geschieht auf Hoffnung, weil Gegenwart nur Station in Richtung Zukunft ist.

30. Dezember

»Der Geist Gottes wird euch in alle Wahrheit leiten.« (Joh 16,13) Das ist herrliche Verheißung auch für dich zwischen altem und neuem Jahr.

1. Du wirst Verantwortung übernehmen und weniger abblocken, aus Angst, zu versagen.
2. Du wirst schuldig werden dürfen! Gott haftet letztlich für unsere Fehler, wie auch unsere Erfolge letztlich ihm gelingen. Deine Sache ist es, zu tun, was du kannst. Alles andere kommt zurecht: Das fängt beim

Kinderzeugen an und hört noch lange nicht auf beim Beschaffen eines angemessenen Auskommens für viele.

3. Dein Gewissen wird hellhörig werden für Zusammenhänge. Du wirst besser erkennen, wo Verzicht nötig ist um eines größeren Glückes willen.

Verantwortung übernehmen, schuldig werden dürfen, hellhörig werden, das ist dir auch fürs neue Jahr eröffnet. Helfen wir einander zu fröhlichen, weiten, sicheren Gewissen!

31. Dezember

Gott, ich danke dir für ein Jahr Zeit – für Atem und Nahrung, Schlaf und Gesundheit, für Liebe von Menschen und erträglichen Ärger, für Auskommen und Verdienst; daß ich einigen Nächsten nützen konnte und viel zu lachen hatte; ich erinnere mich nicht, auch nur eine Nacht durchweint zu haben. Aber mein Gedächtnis ist schwach, mir ist, als flog das Jahr dahin, nicht zwei Dutzend Ereignisse stehen mir vor Augen, eher ist ein Gefühl von sanfter Dankbarkeit in mir. Ich wurde hindurchgetragen und bin nicht gestürzt unter Schmerzen und Schuld.

Doch du weißt mein Versäumen. Ich sah mich oft überfordert, wehrte Anliegen schon im Keime ab, blieb in Gesprächen oberflächlich, mied Menschen in Not. Ich erschrecke über mein kleinmütiges Ich, das mit viel Unwichtigem beschäftigt war.

Dein Versprechen aus der Weihnachtsgeschichte ist mir ein Halt: Ehre sei Gott in der Höhe, Frieden auf Erden, den Menschen ein Wohlgefallen aneinander (Lk 2,14)! Du besorgst deine Ehre, indem du Frieden werden läßt und uns liebesarme Menschen zum Wohlgefallen aneinander bekehrst.

Laß mir, laß uns ein neues Jahr Zeit, deine Gefährten zu werden durch Freude und Leid. Verwandle das Vergehende in Segen. Laß das Kommende ein Segen sein. Amen

Die beweglichen Feiertage
sind in diesem Band folgenden Daten zugeordnet:

1. Advent	1. Dezember
Weihnachten	24.–27. Dezember
Epiphanias	6. Januar
Karfreitag	7. April
Ostern	9. April
Himmelfahrt	18. Mai
Pfingsten	27. Mai
Trinitatis	3. Juni
Erntedankfest	2. Oktober
Reformation	31. Oktober
Buß- und Bettag	22. November
Totensonntag	26. November

Stichwortverzeichnis

Angst: 13.3.; 14.3.; 25.3.; 30.3.; 4.5.; 29.5.; 24.12.
Arbeit: 24.4.; 1.5.; 15.5.
Auferstehung: 11.2.; 27.3.; 3.4.; 9.4.; 10.4.; 15.4.; 20.8.; 26.8.; 19.11.; 20.11.
Bäume: 6.1.; 8.1.
Begabung: 2.1.; 21.1.; 8.5.; 11.6.; 19.7.; 4.12.
Behindert: 11.3.
Bescheiden: 5.8.; 1.9.; 7.10.; 9.10.
Besitz: s. Geld
Beten: 20.2.; 28.2.; 3.5.; 6.–11.5.; u. s. Gebete
Bewahrung: 25.2.; 12.3.; 22.3.; 23.4.; 6.5.
Bibel: 4.3.; 12.3.; 12.10.; 29.10.
Bilder: 5.1.; 12.1.; 3.2.; 12.3.; 28.8.; 19.9.; 21.9.; 23.12.
Böses/Gutes: 30.1.; 7.2.; 22.2.; 27.2.; 27.3.; 14.4.; 17.4.; 9.6.; 6.9.; 24.9.; 18.10.; 23.10.; 4.11.; 11.11.; 16.11.; 19.11.; 21.11.
Danken: 19.2.; 25.2.; 6.5.; 8.5.; 23.8.; 25.11.; 4.12.
Depression: 24.3.; u. s. Leid
Egoismus: 9.7.; 10.7.; 24.10.; u. s. Geben/Nehmen
Ehe: 16.9.; 17.9.; 22.10.
Einsamkeit: 13.7.; u. s. Verbundenheit
Entwicklung: 14.1.; u. s. Veränderung
Erziehen: 29.5.; 27.9.; 10.11.; 23.12.
Ewiges Leben: 15.4.; 12.5.; 26.11.; 9.12.
Frau/Mann: 23.9.; 20.10.; 22.10.
Freiheit: 17.1.; 7.2.; 14.5.; 22.5.; 12.6.; 15.6.; 30.7.
Freude: 5.3.; 28.4.; 2.5.; 4.5.; 24.5.; 11.7.; 18.7.; 28.7.; 19.–21.12.
Freunde: 24.2.; 6.3.; 10.3.; 22.4.; 12.7.; 14.9.; 6.11.
Frieden: 23.3.; 25.5.; 19.6.; 15.7.; 7.8.; 11.8.; 4.9.; 8.9.; 9.9.; 12.9.; 5.11.; 6.11.; 12.12.
Ganzheit: 17.1.; 20.1.; 21.1.; 26.1.; 29.1.; 5.2.; 25.2.; 11.3.; 15.3.; 18.4.; 20.4.; 7.5.; 17.5.; 23.5.; 28.5.; 10.6.; 15.8.; 7.9.; 17.12.
Geben und Nehmen: 10.2.; 10.3.; 8.5.; 24.5.; 9.7.; 5.8.; 22.8.; 28.8.; 30.8.; 13.9.; 25.11.
Gebete: 31.1.; 29.2.; 13.3.; 31.3.; 30.4.; 31.5.; 30.6.; 31.7.; 31.8.; 30.9.; 31.10.; 30.11.; 31.12.
Gebot: 23.–27.7.
Geld: 1.5.; 8.5.; 29.5.; 2.6.; 4.6.; 1.9.; 18.9.; 24.10.
Generationen: 4.1.; 24.9.
Gerechtigkeit: 23.4.; 24.4.; 1.5.; 27.5.; 16.7.; 3.9.; 6.9.; 10.9.
Gericht: 12.5.; 24.9.; 18.–22.11.; 15.12.
Geschichte: 13.2.; 14.2.; 21.3.; 16.7.; 19.10.; 25.10.; 5.11.
Gewissen: 20.4.; 28.5.; 19.9.; 17.11.; 23.11.
Gewißheit: 8.2.; 9.2.; 30.5.; 1.11.; 26.12.
Glauben: 6.1.; 16.1.; 17.1.; 23.1.; 17.3.; 25.3.; 16.4.; 22.4.; 10.5.; 17.5.; 17.10.; 2.11.; 26.12.
Glück: 22.1.; 24.1.; 27.1.; 18.3.; 29.3.; 2.5.; 8.5.; 20.5.; 6.6.; 28.6.; 14.7.; 6.9.
Gutes: s. Böses/Gutes
Heiliger Geist: 10.4.; 15.4.; 14.5.; 19.–28.5.; 5.7.; 9.12.
Hoffen: 8.2.; 15.2.; 17.2.; 16.4.; 16.6.; 25.–27.8.; 22.12.; 28.12.; 29.12.
Jesus Christus: 7.1.; 12.1.; 19.1.; 27.1.; 3.2.; 17.2.; 19.3.; 23.3.; 6.4.; 9.4.; 29.5.; 12.–14.6.; 4.8.; 21.10.; 3.11.; 1.12.; 6.12.; 7.12.; 22.12.; 24.12.
Kinder: 24.6.; 26.6.; 28.9.
Kirche: 8.2.; 16.5.; 4.8.; 27.–31.10.; 1.11.; 9.11.
Konfirmation: 21.1.; 3.9.
Krankheit: 11.3.; 23.8.
Kunst: 27.5.; s. a. Bilder
Leben: 2.1.; 9.1.; 18.1.; 17.2.; 1.3.; 26.3.; 15.4.; 4.5.; 13.5.; 29.7.; 5.12.
Lebensmut: 5.3.; 18.3.; 24.3.; 25.3.; 29.3.; 17.4.; 21.4.; 28.4.; 24.5.; 8.8.; 16.8.; 17.8.; 11.10.; 26.10.; 15.12.; 22.12.
Leiden: 5.2.; 7.2.; 18.2.; 27.2.; 16.3.;

17.3.; 26.3.; 29.3.; 3.4.; 3.5.; 21.7.; 11.8.; 23.8.; 2.9.; 3.9.; 7.12.
Lieben: 11.1.; 1.2.; 6.–8.3.; 4.4.; 16.4.; 20.6.; 22.6.; 23.6.; 4.7.; 6.7.; 11.9.; 12.9.; 14.9.; 20.10.; 3.12.
Mensch – Gefährte Gottes: 3.1.; 14.2.; 19.2.; 1.3.; 3.3.; 23.3.; 4.4.; 23.4.; 2.5.; 8.5.; 4.6.; 21.6.; 22.7.; 18.8.; 24.8.; 22.9.; 14.10.; 23.10.; 3.11.; 2.12.
– Bild Gottes: 4.2.; 19.4.; 13.5.; 5.6.; 2.7.; 10.12.
– kompliziert: 6.3.; 9.3.; 2.4.; 14.4.; 6.5.; 18.11.; 23.11.
Musik: 3.–5.5.
Nächster: 13.3.; 17.4.; 20.4.; 23.4.; 9.5.; 10.7.; 20.9.; s. a. Verbundenheit
Natur: 24.1.; 2.2.; 14.2.; 6.5.; 14.5.; 15.5.; 27.5.; 29.5.; 21.8.; 24.8.; 5.10.; 24.10.; 5.12.
Politik: 24.4.; 25.4.; 25.5.; 27.5.; 1.6.; 9.9.; 11.10.; 27.10.
Reich Gottes: 18.2.; 23.2.; 21.4.; 1.6.; 13.10.; 3.11.
Religionen: 21.5.; s. a. Glaube, Seele
Reue: 20.4.; 12.11.; s. a. Gericht
Schicksal: 8.1.; 21.1.; 24.2.; 27.3.; 18.11.
Schöpfung: 25.–28.9.; 1.10.; 5.10.; 12.10.; 17.10.; s. a. Natur
Schuld: 26.2.; 8.4.; 19.4.; 4.11.; 12.11.; 13.11.; 16.11.
Seele: 10.1.; 14.1.; 7.3.; 19.4.; 20.4.; 4.5.; 6.5.; 9.5.; 10.5.; 30.10.; 20.11.; 23.12.
Seelsorge: 11.8.; 13.8.; 14.8.; 3.9.; 11.9.
Selbstmord: 27.–29.11.
Sexualität: 16.9.; 17.9.; 23.9.; 20.10.; 22.10.; 23.11.
Sinn: 19.3.; 5.4.; 6.5.; 7.5.; 15.5.; 21.9.; 10.10.
Sorgen: 18.7.; 29.8.; 24.10.; 25.11.
Sport: 11.3.; 21.3.
Sprache: 9.5.; 25.5.; 2.8.; 3.8.; 10.–14.8.; 30.10.
Symbol: 18.6.; s. a. Bilder
Taufe: 21.1.; 1.–3.6.; 4.10.
Technik: 25.4.; 27.4.; 1.5.; 27.5.; 7.10.
Theologie: 13.1.; s. a. Gott, Mensch – Gefährte Gottes, Glauben
Tod: 28.3.; 11.4.; 15.4.; 23.8.; 2.11.; 24.11.; 26.11.; 14.12.
Träume: 14.1.; s. a. Bilder, Seele
Trinität: 5.6.; 7.6.; s. a. Gott
Umwelt: 4.1.; 13.2.; 13.6.; 21.9.; 22.9.; 15.10.
Urlaub: 28.8.; s. a. Arbeit, Sorgen, Zeit.
Veränderung: 2.3.; 24.3.; 27.4.; 9.6.; 19.6.; 25.6.; 1.7.; 15.10.; 23.11.; 11.12.
Verbundenheit: 23.3.; 11.4.; 10.6.; 16.6.; 8.7.; 20.7.; 11.8.; 12.8.; 22.8.; 10.9.; 19.9.; 8.12.
Vergeben: 28.2.; 22.3.; 14.4.; 13.5.; 9.6.; 10.–14.11.
Verstehen: 16.2.; 22.3.; 19.4.; 25.4.; 26.4.; 1.5.; 10.5.; 29.6.; 6.8.; 25.–27.9.; 1.10.; 4.10.; 6.10.; 13.12.
Vertrauen: 15.1.; 25.1.; 3.4.; 17.–19.6.; 3.7.; 4.7.; 22.9.; 10.10.; 13.10.; 1.11.; 8.11.; 15.11.; 30.12.
Verzweiflung: 8.2.; 8.4.; 20.4.
Wahrheit: s. Glauben, Verstehen
Wille Gottes: 12.2.; 24.2.; 20.3.; 8.10.
Zeit: 1.1.; 5.1.; 2.9.; 8.10.; 31.12.
Zufall: 24.1.; 4.10.; 26.10.
Zukunft: 18.2.; 12.5.; 25.5.; 16.6.; 8.10.; 19.11.
Zweifel: 28.1.; 8.2.; 27.2.; 4.3.; 20.3.; 6.4.; 4.5.; 9.11.

Reihe: Dichtung im ausgehenden Zwanzigsten Jahrhundert

Herausgegeben von Ingeborg Drewitz

Band 1: Gunther Tietz

Die Verteidigung der Schmetterlinge

Lyrik und Prosa. Mit einer Einführung von Ingeborg Drewitz und zehn Radierungen von Ge Gessler · 80 Seiten

Band 2: Helmhold Reinshagen

Ich habe kein Vaterland

Lyrik. Mit einer Einführung von Ingeborg Drewitz · 96 Seiten

Band 3:

Noch immer denke ich an jenen Raben

Lyrik aus Iran. Übersetzt, ausgewählt und mit einem Vorwort versehen von Kurt Scharf · 112 Seiten

Band 4: Jean Apatride

Die Schneide der Axt wurde stumpf

Gedichte · Kurztexte · Aphorismen

Mit einer Einführung von Ingeborg Drewitz · 128 Seiten

Band 5: Kurt Marti

geduld und revolte

die gedichte am rand

Mit einem Vorwort von Ingeborg Drewitz · 80 Seiten

Band 6: Oskar Ansull

Disparates

Gedichte. 80 Seiten

Band 7: Arnim Juhre

Der Schatten über meiner Hand

Gedichte. Mit einem Vorwort von Ingeborg Drewitz · 64 Seiten

Band 8: Klaus Haacker

Grüße an Orpheus

Gedichte. Mit einem Brief des Autors an den Verleger · 80 Seiten

Im RADIUS-Verlag

Kniebisstr. 29 · 7000 Stuttgart 1